창업 멘토링

성 공 하 는
창업교육을 위한
실전 노하우

허진만 · 이윤재 저

PROLOGUE

멘토링이란 무엇인가?

가장 자주 듣는 이 질문에 대해 필자는 『질문이다.』라고 대답한다.

흔히 멘토는 멘티에게 해결책을 제시해주는 것이라고 생각하지만, 사실은 그렇지 않다. 멘토의 역할은 정답을 알려주는 것이 아니라 질문을 통해 멘티에게 가장 적합한 방법을 도출하고 그 과정의 단점을 찾아내어 최적의 결정을 하게 돕는 것이다. 따라서 멘토링 결과에 대한 정답이나 해답은 없다고 할 수 있다.

그러나 풍부한 경험으로 시대의 흐름을 파악하고 미래를 예측하여 최선의 결정을 지원할 수 있으며, 사업화 과정에서 결실을 내는 정량적 실적과 멘티에게 새로운 시도를 가능케 하는 합리적 의지를 심어주는 정성적 실적도 중요하다.

대부분이 멘티들이 최악의 취업난 속에서 할 수 없이 창업으로 내몰렸거나 자신의 기술이나 아이디어가 대박이 날 것이라는 자신감으로 창업에 뛰어든다. 바위 속에 박힌 보석 같은 이들을 멘토링을 통하여 갈고 다듬어 찬란한 보석으로 빛나게 하는 일련의 과정이 멘토링이다. 따라서 멘토들의 전폭적 지원이 필요하다.

또한 사업화로 이끄는 과정에서 혹시라도 사회에서 인정을 받지 못하여 실패에 맞딱뜨릴 경우 실패로 인한 정신적 자포자기를 미연에 방지하는 것도 멘토링 과정에 포함되어야 한다.

훌륭한 멘토는 어떠해야 하는가?

무엇보다 멘토링은 데이터로 하는 것이 아니라 멘티의 마음을 공유하고 그 기반에서 내면적 대화가 이루어져야 한다. 경험과 기술의 우위에 의한 멘토링은 여러 번의 멘토링 과정에서 신비주의가 소진될 우려가 있다. 이 사실에 주의하자. 그리고 오랜 시간 연구한 멘티의 전문지식보다 멘토인 자신이 결코 위에 있다는 생각은 위험하다.

멘티와 마음의 대화를 통하여 경험과 지식을 받아들이는 환경을 조성하고 상황에 따라서는 멘토보다 더 합리적 지식을 가진 멘티가 멘토링에 마음의 문을 닫는 일도 있다는 사실을 늘 염두에 두면, 감춰진 멘티의 가치가 빛나게 되는 멘토링이 이루어질 것이다.

멘토링에서 고려해야 할 것은 무엇인가?

대부분의 멘토들이 '나의 멘토링이 과연 멘티에게 도움이 되고 있는 것인가? 최적의 방향설정과 안내를 제공했으나 그것이 혹 잘못된 결과로 나타나지 않을까?' 하는 생각으로 걱정한다. 많은 창업자 교육에서 1% 정도의 성공에 대한 장밋빛 청사진을 전체인 듯 설명하는데, 이는 창업자의 99%가 실패한다는 실제적 통계를 무시한 것일 뿐 아니라 누구든 실패의 주인공이 될 수 있다는 사실을 외면하는 것이다. 멘토라면 이러한 현실적 고려가 없는 멘토링은 자칫 "희망 고문"이 될 수 있다는 사실을 늘 염두에 두어야 한다.

멘토는 멘티의 충분한 상황을 파악하여 비즈니스에 도움을 준다는 기본적 사고 위에 "멘토링은 성공 가능성보다는 실패에 대한 출구를 열어주어야 한다."는 명제를 늘 생각해야 한다. 혹시라도 발생할 수 있는 실패에 대한 분명한 인식은 강력한 맷집을(?) 준비시키는 멘토링의 일부분이다.

창업은 목숨 걸고 총력을 기울여도 성공하기 어려우므로 올인(All In)할 것 강조하는데, 일면 맞는 말이다. 그러나 가능성에 대한 구체적 비전과 전문적 기술을 바탕으로 한 제품 또는 서비스가 부족한 경우, 올인으로 무조건 매진한다면 감당하기 어려운 부채를 키우고 마는 경우가 발생할 수 있으므로 이에 대한 고려를 잊지 말아야 한다.

2017. 6.

허진만, 이윤재

CONTENTS

멘토링 개요

01 멘토링 정의 및 용어	011
02 멘토링의 필요성	015
03 멘토링 종류 및 적용 분야	039
04 멘토링 방법	070
05 활용 기관에 따른 멘토링	097
06 멘토링 목표의 발전 방향	106

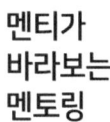

멘티가 바라보는 멘토링

01 멘토에겐 뭔가 특별한 것이 있다	119
02 멘토를 바라보는 기대심리, 신비주의	123
03 멘티의 침묵	127
04 멘토는 해결사인가	129
05 찔러보는 멘토링	131
06 불신의 멘토링	134
07 이미 답을 알고 있는 멘티	137
08 멘티에게 필요한 건 자만심보다 자신감	140
09 잘 하기보다 어떻게 할지 말하는 멘토링	143
10 무용담만 늘어놓는 멘토	148
11 멘토의 평가기준	150
12 멘토링의 시간차 전략과 만족도	154
13 멘토가 알아야 할 멘티의 특성	157

멘토가 바라보는 멘토링

01 멘토의 자세	165
02 멘토는 해결사가 아니다	172
03 답을 가지고 멘토링에 응하는 멘티	178
04 고유의 성향과 멘토링의 관계	181
05 멘티는 자기 최면에 걸리기 쉽다	186
06 멘티의 말 기억하기 & 정책과제 선정 방법 지원하기	188
07 결론은 멘티가 내린다	193
08 기술은 노하우가 아닌 노웨어이다	196
09 멘티와 천생연분 코드 맞추기	198
10 멘토링은 나무가 아니라 숲을 보는 과정	201
11 멘토링에서의 교육	203
12 멘토의 기본적 소양	206

참고 자료

01 국내 취업 통계 현황	211
02 폐업 통계	222
03 미래 예측 보고서	227
04 한국직업사전	230

1부

멘토링 개요

01
START-UP MENTORING

멘토링
정의 및 용어

위키백과에 따르면 멘토링mentoring이란 원래 풍부한 경험과 지혜를 겸비한 신뢰할 수 있는 사람이 일대일(1:1) 지도와 조언을 하는 것이라고 정의되어 있다. 그리스 신화에서 유래한 이 말에서 조력자 역할을 하는 사람은 멘토mentor, 조력을 받는 사람은 멘티mentee라고 한다.

멘토링은 일반적으로 기업체, 학교 등에서 우수한 능력과 풍부한 경험을 가진 선배가 후배나 신출내기들을 돕거나 지도하는 것으로 이해된다. 최근에는 의미가 더 포괄적으로 변하여 일대일 지도나 조언이 아니어도 선배가 후배에게 조언을 하는 프로그램이나 행사, 프로젝트 등에 모두 멘토링이란 단어를 사용하고 있다. 이는 멘토링이 사회 전반에 광범위하게 이루어지고 있음을 반영한다고 할 수 있다.

이상의 일반적 멘토링에 대한 인식 외에 필자가 생각하는 멘토링이란, 다양한 경험과 학식을 가진 멘토가 도움을 희망하는 멘티의 상황을 분석하고 질문하는 과정을 통하여 멘티의 아이디어나 능력을 끌어

내고, 도출 가능한 방향성의 장단점을 통하여 멘티 스스로 방향을 정하도록 하는 일련의 과정이다.

멘토링의 유래는 트로이 전쟁 때로 거슬러 올라가는데, 그리스 연합국에 소속되어 있던 '이타카' 국가의 왕 오디세우스는 전쟁에 나가면서 자신의 어린 아들을 신뢰하는 친구에게 맡겼고, 그 친구(멘토)는 왕자를 자신의 친아들처럼 정성을 다해 양육하였다. 때로는 엄한 아버지로서 훈육하고, 때로는 선생으로서 가르치고 조언하면서 왕의 아들이 훌륭하게 성장하는 데 있어서 더할나위 없는 좋은 역할을 했다.

10년 후 트로이 전쟁을 끝내고 오디세우스 왕이 돌아왔을 때 왕자는 놀라울 정도로 훌륭하게 성장해 있었다. 감격한 오디세우스 왕은 자신의 아들을 그렇게 훌륭하게 길러준 친구의 이름을 부르면서, "역시 자네다워! 역시 '멘토Mentor다워!" 라고 크게 칭찬했다. 이 이야기가 전해지면서 이후로 제자를 훌륭하게 교육시킨 사람을 가리켜 '멘토'라고 칭하게 되었다.

이처럼 멘토링은 자녀 교육 분야에서 시작되었지만 이후로 다양한 분야에서 적용되었으며 기업의 창업과 보육에서도 멘토링 제도를 활용하여 예비창업자 또는 창업자에게 도움을 주는 사람들을 멘토라고 칭하게 되었다. 멘토링과 유사한 것으로는 컨설팅, 코칭, 카운슬링, 코디네이터, 에반젤리스트 등이 있다.

각각의 특징과 사이점을 살펴보자.

코칭Coaching은 컨설팅에서처럼 진단하고 해결책을 제시하지 않는다. 코칭은 코치받는 사람이 스킬업하거나 변화, 또는 목표에 달성할 수 있도록 촉진시키는 역할을 한다. 컨설팅적 해결이 필요한 경우 코칭은 함께 파트너십을 이루어 문제를 해결해 나간다.

컨설팅이 해결책을 제시하는 데 목적을 둔다면, 코칭은 그 해결책을 스스로 발견하도록 유도하고 추후 그 해결책을 스스로 재생산할 수 있도록 프로세스를 공유하고, 그 능력을 갖도록 하는 것이 목적이다. 간단히 말해 컨설팅이 무엇what에 집중하는 반면, 코칭은 누구who에 집중하는 것이다.

카운슬링Counseling, 테라피Therapy, 코칭Coaching은 문제를 해결하기 위해 한 사람의 과거를 여행하거나, 당시의 행동에 대해 지나치게 연구하지 않는다. 코치는 그러한 것들을 코치받는 사람의 몫으로 두고 단지 그들이 스스로 그 사실을 깨달을 수 있도록 돕는다. 그들이 한걸음 앞으로 나아가 개인적, 직업적 목표들을 달성할 수 있도록 조력하는 것이다. 카운슬링이나 테라피가 과거 지향적이라고 한다면, 코칭은 철저히 미래 지향적이다. 코칭의 대상은 치료의 대상이 아니다.

멘토링이 최근 비즈니스 분야에 본격적으로 진출하면서 좀 더 구조화되고, 수평화되는 경향이 있다. 이는 코칭의 형태와 매우 유사하다고 하겠지만, 여전히 차이점은 분명하다. 멘토링은 멘토와 멘티의 관계에 있어서 수직적이며, 상호 간의 인격적 개입이 더 깊이 일어난다.

반면, 코칭은 수평적 파트너십이며, 깊숙한 개입이 필요 없다.

에반젤리스트Evangelist라는 단어에는 '전도사'의 의미가 있다. 풀어 말하자면, 해당 기술에 대해 전파하는 사람들이라는 것이다. 단순하게 알리는 것이 아니고 해당 기술이 무엇이며, 어떻게 사용될 수 있는지, 얼마나 뛰어난 성능을 가지고 있고 앞으로 이 기술이 어떻게 활용될 수 있는지에 대해 전파한다. 더불어 해당 기술에 대한 사용자의 의견이나 애로사항을 수렴해서 해결할 수 있는 방향을 제시해 주기도 한다. 신기술의 충격파를 줄이고, 시장에서 빠르고 쉽게 흡수될 수 있도록 도와주는 역할을 하는 것이다.

마이크로소프트를 비롯해 일부 기술기업들은 자신들의 기술을 시장에 널리 전파시키기는 역할을 전담하는 '에반젤리스트(Evangelist, 전도사)'라는 명칭을 붙인 전문가를 두고 있다.

멘토링의 필요성

"역사를 알아야 한다."는 말에는 "미래에 같은 잘못을 되풀이 하지 않겠다."는 의미가 포함되어 있다. 역사는 되풀이되는 것이기도 하므로 한 번의 실수로 많은 것을 잃을 수 있는 창업 분야에서 경험자의 조언을 참고하는 것은 꼭 필요한 준비 사항이며, 여기서 멘토링의 필요성이 부각된다.

예비창업자들을 지원하는 방안에 있어서 집체교육보다는 멘토링이 더욱 효과적이라는 사실은 각종 통계들이 뒷받침하고 있다. 그렇다면, 멘티들이 선호하는 멘토링의 필요성은 무엇인가 알아보기로 하자.

최근 가장 심각한 사회문제는 일자리 부족이다. 이러한 사회적 여건에서 어쩌면 창업은 선택의 문제라기 보다 필연이다. 많은 사람이 "바늘구멍"인 취직의 길을 포기하고 창업을 길로 가야 하는 환경인 것이다. 하지만 창업의 길 역시 취직보다 쉽지는 않다. 아니, 취직보다 더 많은 것이 요구되며, 위험부담은 훨씬 크다.

따라서 대부분의 예비창업자들은 많은 연구와 결심 끝에 창업을 시작하였으므로 자부심도 강하고 멘토링 진행 중에 반대 의견에 대해 아주 민감한 반응을 보이는 경향이 있다. 따라서 좋은 멘토라면 창업자의 아이디어에 보완할 부분과 사업적 한계가 보일 경우 그것을 전달하는 방법에서 효율적인 멘토링 진행이 매우 중요하다.

특히 우리나라의 경우 창업의 실패는 대표가 감당하기 쉽지 않은 책임들이 따르기에 과거에는 사업실패를 넘어 '인생의 실패'라는 인식이 있었고, 극단적인 경우 자살이라는 선택을 하는 경우도 종종 있었다. 창업의 결과는 성공 아니면 실패이기에, 성공할 경우 준비할 사항도 필요하지만 더욱 중요한 것은 실패할 수 있음을 늘 상기시키고 최대한의 준비를 해야 한다. 멘토링에서 최선의 노력으로 실패하지 않도록 하는 것도 중요하지만 실패할 경우 돌파구를 찾는 방안에 대한 멘토링도 간과해서는 안 된다.

최근에는 사업 실패가 인생의 낙오자나 재기불능 상태를 의미하는 것이 아니라는 인식의 전환이 있는 만큼, 성실한 사업 실패는 다시 일어날 수 있는 가능한 경험이라는 인식을 갖도록 멘토링하는 것의 중요성이 부각되고 있다. '고의적 실패'와 '성실 실패'는 여러 근거를 통하여 검토할 수 있다. 쉬운 실패가 아닌 최선의 실패는 더욱 완벽한 준비를 통해 재기할 수 있도록 창업의 사업화 과정 전반에 걸쳐 멘토링이 제공될 필요가 있다.

멘토링은 창업자의 업무 전개 방식에서도 지원할 필요가 있어 닥치는 일 처리에 급급한 수동적인 경우가 상당히 많다. 업무의 전개는 동시에 여러 일이 겹쳐 발생하고 이를 해결하는 방식으로 이루어지기에 사업에서 업무는 당연히 멀티플레어의 능력이 요구된다. 즉 전개되는 업무에 통합적으로 대응하여 처리하는 능력을 멘토링을 통하여 습득해야 한다.

콜럼버스 달걀처럼 한 번 경험하면 별것 아닌 사항들이지만 창업에서는 무수히 존재하고 해결 방안이 막연하며 어디로 튈지 모르는 행정 업무 등에 대한 멘티들의 어려움이 있다. 이는 여러 번의 시행착오를 통한 해결을 하므로 시간적 낭비가 뒤따르며, 멘토링을 통한 해결은 사업 진행에 큰 영향으로 자리잡는다. 창업자는 본연의 아이디어 또는 신제품을 위한 노력의 집중화가 필요하고 사업의 본궤도로 진행하는 가장 중요한 업무이기에 부가적 업무로 인한 시간의 허비를 줄이는 멘토링이 꼭 필요하다.

1. 아이디어 검증의 필요성

　창업자는 기술, 제품 또는 서비스를 가지고 창업을 한다. 창업자의 아이디어 도출 과정은 복수의 다양한 방법으로 검증하고 확인한 후에 최종안을 가지고 창업을 결정하는데, 특허 출원 등과 같은 지적재산권을 확보한 경우나 아이디어 경진대회에서 입상하는 경우, 또는 자기 자신을 믿고 밀어붙이는 경우 등 다양한 방안으로 확립한 아이디어이기에 스스로 세계 최고라고 자부한다.

　성공과 실패를 충분히 경험한 멘토의 경우라면, 여러 멘티들의 아이디어에 대해 그 가능성을 가늠할 수 있다. 그런데 아이디어에 대한 가능성이 충분함에도 어려움에 부딪힐 수 있다. 그것은 멘티의 제품이나 기술력은 우수하지만 시장에서의 경쟁성이나 사업성이 부족한 경우에 접근 방식의 어려움이 존재하기 때문이다.

　물론 아이디어는 좋으나 사업성이 부족하다고 판단되는 경우에도 추후 사업에 성공하여 결국 멘토의 판단이 틀린 것이 될 수 있으므로 멘티의 아이디어에 대한 성공과 실패에 대한 섣부른 판단은 절대로 금물이다. 다만, 아이디어에 대한 반대적 우려 사항에 대하여 충분히 고려했는지에 관하여 질문을 통해 멘티의 준비사항을 확인하는 아이디어 검증은 반드시 필요하다.

　보편적으로 아이디어는 발명 특허 또는 비즈니스 모델 특허라도 꼭 출원하여 지적재산권을 확보하도록 권장해야 한다. 단순히 지적재산권 확보에서 목적이 달성하는 것이 아니라 출원 과정에서 선행기술 조사를 통하여 기존 기술 조사를 통하여 아이디어의 참신성을 확보하는 기회를 삼아야 한다. 기술에 따라서는 지적재산권 확보가 불가능하기도 하고 필요성이 부족한 경우는 시장에 출시된 후에 후발 기업의 진입 장벽이 낮아져서 본 아이디어가 다량의 사용층을 확보하였어도 자본과 개선된 아이디어로 무장한 대형 후발 주자에 대한 고려가 필요하다.

멘티의 아디이어가 제품 또는 서비스로 최종 출시되기 위해서는 시간과 완성도에 대한 멘토링이 필요성하다. 제품 개발 과정에는 많은 시간이 필요하다. 여러 번에 걸친 테스트와 보완의 반복과정에서 무엇보다도 사용자의 필요성을 기초로 하는 제품이나 서비스인지 파악해야 한다.

우수한 기술을 바탕으로 출시하는 제품이나 서비스라 할지라도 사용자의 필요성에 어긋난다면 시장에서 사장될 수 있으므로 복잡하고 다양한 기능보다는 단순하고 꼭 필요한 기능을 탑재하였는지, 적절한 단가인지 검토할 필요가 있다.

항목	멘토링 지원 사항
선행기술 조사	지적재산권 침해 대상 아이디어인지 검토
경쟁 제품/기술 조사	기성 제품과의 유사성 및 경쟁력 파악
지적재산권 확보	독점권이 아니면 방어권 확보 필요
진입 장벽의 검토	후발 기업이 진입할 경우 파악
실현 가능성	기술개발을 통한 실현 가능성
시장 수요조사	타켓 시장의 규모에 대한 검토, 가능성 파악
수요자의 요구사항	제품이나 서비스에 대한 수요자의 필요성 검토

아이디어 단계에서 멘토링 필요성

2. 연구 및 기술개발 지원을 위한 멘토링

　창업하려는 예비창업자 또는 창업자는 전통시장에 진입하는 것보다는 새로운 제품과 새로운 서비스로 사업하려는 경우가 많고, 이렇게 새로운 융합 시장의 기술 또는 서비스는 정부의 정책 자금을 신청하여 연구개발에 활용하려 한다.

　정책 자금의 규모는 2017년 19조 정도이며, 기존의 창업자는 물론이고 예비창업자도 신청이 가능하도록 각 부처별로 무수히 많은 사업으로 나뉘어 신청을 받고 있다. "19조는 어차피 누군가는 가져가는 자금인데 그 중에서 5천만 원 정도 활용 못하냐?"라는 말이 농담처럼 오갈 정도로 정부의 정책과제에 집중하는 기업들이 많아지고 있다. 창업기업의 규정은 "중소기업창업지원법" 제2조 2항에 따라 창업 후 7년이 지나지 않은 기업을 말하며 중소기업청의 R&D 정책과제에서는 예비창업자, 초기창업자 3년 이내, 창업기업 7년 이내 등으로 분류하여 신청조건의 과제를 공고한다.

　멘토링에서 가장 많은 요청은 연구과제 선정이다. 불경기에 새로운 기술개발을 통한 경쟁력 확보가 중요하기 때문이다. 경쟁률이 높으면 탈락 우려가 많으므로 멘토링을 통한 선정을 원하는 창업자들에게 멘토링이 필요한 것이다.

　(예비)창업기업들은 제품이나 서비스가 완성이 되지 않은 상태에서 사업을 해야 하기에 아이디어를 제품 또는 서비스로 완성시키는 과정이 필요한데, 이 과정에서 멘토링이 필요하다.

정책과제 선정은 쉽지 않은데 신청을 위한 사업계획서 작성에서부터 단계별로 도움이 없이는 선정이 거의 불가능한 여건이다. 정책과제 신청의 주요 목적은 연구개발비의 도움을 받는 것이지만 신청을 위한 사업계획서 작성 및 평가 과정 질의 및 응답에서 평가위원들의 질문과 대답을 통하여 아이디어의 사업성 검증이 가능한 부분이 있다. 즉 평가의 결과에 대한 종합 의견에서 사업성 접근에 필요한 보완 사항 등이 사업에 있어 좋은 참고자료가 될 수 있다.

정책자금에 대한 멘토링은 선정이 되도록 해야 하는 부담감이 있으며 과제 공고 제공만으로도 멘티에게 좋은 기회가 되므로 멘토들이 정책과제 공고를 지속적으로 찾아서 멘티에게 제공한다면 멘티의 만족도는 상당히 높아질 것이다. 정책과제는 예비창업자의 경우는 중소기업청에서 지원하고 창업진흥원 창업넷에서 공지하지만, 정부 각 부처에서도 정책자금을 지원한다. 자신의 자금으로 연구개발하여 제품이나 서비스를 확립하고 사업하기에는 시간과 자금의 부족 때문에 어려운 것이 현실이므로, 정책과제 선정을 통한 개발자금의 지원이 필수적일 수밖에 없는 상황에서 선정의 탈락은 창업자의 의지를 꺾는 요인이 되는 경우가 종종 있다.

그러나 2년 동안 36번 탈락하고 37번째에 겨우 선정된 사례도 있듯이 아이디어가 좋은 상황에서 탈락하는 것은 발표방식과 준비사항에서의 부족이 원인인 경우가 많으므로 멘토링을 통하여 아이디어를 부각하는 방향으로 보완하여 제안해야 하는데, 이런 과정에서 멘토링의 필요성이 생긴다. 보통의 예비창업자의 경우 자신의 기술이 최고라고 생각한 상황에서 몇 번의 탈락에 화도 나고 평가위원의 자질을 의심하거나 스스로를 비하하는 등 개인의 성격에 따라 그 반응이 다양하며 사업의 포기로까지 이어지기도 한다.

따라서 사업의 관문으로 정책과제 선정을 두고 있는데, 보통의 과제는 중기청, 사업자원부, 미래부, 농림부, 건설부, 국민안전처 등에서 다양한 정책과제를 공지하고 있다. 정책과제의 선정 평가가 우수한 아이디어를 선정하는 것이기는 하지만 평가위원 입장에서 보자면 다소 부족한 신청 과제를 뽑는 과정이므로 질문을 통하여 부족함을 찾게 된다. 하지만 창업자는 이를 다르게 인지하기에 멘토링을 통하여 생각을 바꾸도록 유도해야 한다. 즉 많은 우수한 과제들 속에서 질문을 통해 부족함을 찾아내는 것이 정책과제 선정 평가 과정이라는 사실을 이해시켜야 한다.

항목	멘토링 지원 사항
과제 공고 제공	각 정부 부처에서 공고문 제공 필요
과제 신청 자격 조건	과제 공고의 대상 여부 판단하여 제공
신청 기술 검토	신청 기술 또는 서비스 검토
사업계획서 작성	사업계회서 작성 지도 필요
대면평가 대응 요령	대면평가 발표문과 발표에 대한 지도
R&D 사업비 책정	사업비의 작성에 대한 규칙 안내 및 지도

정책자금 신청 단계에서 멘토링 필요성

3. 시행착오를 줄이기 위한 멘토링

　기업의 발전 과정에서 Death Valley의 고비가 있으며 시장상황 분석이 잘못되어 상당한 피해를 얻는 경우도 많다. 창업에서 기업의 흥망성쇠와 유사한 경우가 많이 발생하는데, 이 중에서 경험자가 보면 너무도 뻔한 실수 때문에 전체에 심각한 영향을 주는 경우가 종종 있다. 기술적 판단이 잘못되는 것은 사업에 치명적 영향을 주지는 않는다. 하지만 기업의 방향 선정에서 잘못된 판단은 존폐에 영향을 줄 수 있다. 때문에 경험 있는 멘토의 멘토링을 통하여 이 부분에서 예측 가능한 실수를 줄이는 멘토링이 절대적으로 필요하다.

　기업경영에서 탈세는 큰 문제가 되지만 절세의 필요성은 강조할 필요가 있다. 당연히 줄일 수 있는 세금을 놓치는 경우가 많은데, 절세를 위한 기본적 조치를 하지 못했을 경우 소급 적용이 불가능하므로 미리 이 부분에 대한 조치에 대해서도 멘토링이 필요하다.

항목	멘토링 지원 사항
기술적 예측	제품 효율화를 위한 첨단 기술 적용 제공
시제품, 제품 개발	제품 개발 과정에서의 효율적 방안 제시
유통단가, 제조원가	제조 단가와 유통 단가 조율을 통한 원가분석
채널 정책 등 유통망	국내외 유통망과 대리점 정책 지도
세무, 노무 등 조직관리	절세 및 조직관리 효율적 적용
지적 재산권 관리	독점권, 방어권의 효율적 대응방안

시행착오를 예방하는 멘토링 필요성

4. 효율적 경영을 위한 멘토링

(1) 세무 분야

창업자는 초기 자금의 유입에서 기업의 자금 흐름에 대한 분석 및 손익분기점 적용 등이 부족하여 통장 잔액으로 관리하는 경우가 많고 기업활동에 의한 매입·매출에 의한 자금관리에 상당히 부족한 경향을 보이므로 기본적인 세무에 관한 멘토링이 필요하다.

예비창업자 및 초기 기업은 정기적인 부가세 신고에서 각종 세무 관련 처리에 있어 초기 매출이 없는 상황에서 굳이 비용을 지불하며 회계사무소에 의뢰하여 비용을 부담할 필요가 없는데도 이런 것으로 돈을 낭비하는 경우가 있다.

최근에는 세무서 전산 사이트인 '홈텍스'가 잘 구축되어 거의 모든 세무는 홈텍스에서 지원하고 있다, 세금계산서 발급에서 기업 카드 등록, 그리고 사업자등록증명원 등의 서류 발급이 모두 가능하다. 하지만 이 쪽으로는 전혀 경험이 없는 창업자의 경우 활용을 하지 못하므로 회계사무소에 비용을 지불하게 되는데, 멘토링을 통한 절세 방법은 이런 경우 매우 필요하다.

(2) 노무 분야

기업의 자산은 무엇일까? 특허 등의 지적재산권, 부동산 등의 자산, 기업만의 노하우 등 다양하겠지만 무엇보다 큰 자산은 바로 직원이다. 그런데 초기 기업은 조직관리가 부족하여 많은 직원들이 바뀌고 나서야 비로서 그 중요성과 효율성에 대해 인지하게 된다.

자동화가 세계적 추세이자 빠른 속도로 현실화되는 요즘에는 직원의 숫자가 줄어들고 있는 상황이지만 초기 기업에서의 인력은 기업 자산의 전부인 경우도 있다. 이런 경우 핵심 직원 한두 명의 퇴사는 기업의 존폐와 연결된다. 초기 기업에서는 합리적인 기업 문화를 만드는 방법에 미숙하여 상호 마음의 상처만 주고받은 채 헤어지는 경우가 많다.

그렇다면 기업의 최고 자산인 인력에 대한 관리는 어떻게 해야 하는가? 책임 있고 유능하며 열정적인 직원을 가진 기업이 되는 방법은 무엇일까? 단순히 급여가 많다거나 직원이 요구하는 대로 노무 관리를 하는 것이 전부는 아니다. 때문에 직급과 능력을 배가시키는 다양한 정책을 각 기업 상황에 맞게 만들 수 있는 멘토링이 필요하다.

과거에는 병역 특례로 선정한 직원은 적은 급여에도 일정 기간을 채워야 하는 의무성이 있어 병역특례기업 신청도 노무관리의 한 방편이 되었다. 지속적인 기능 향상 교육을 지원하는 것도 회사의 좋은 이미지를 구축하는 동시에 인력향상을 위한 좋은 방안이다. 이 경우 교육 후 2년 이내에 퇴사하면, 지원한 교육비를 반납하는 등의 정책으로 안정적 노무관리에도 도움이 된다. 이러한 예처럼 멘토링 과정에서는 인력관리에 관한 내용이 포함되어야 한다.

(3) 벤처, 이노비즈, 메인비즈, 부설연구소 등 인증 분야

정책 자금에서도 벤처 인증, ISO인증 등 인증에 대하여 추가 점수를 부여하듯 기업의 안정적인 정착을 위한 각종 인증에 한 지원방안에 관한 멘토링을 제공할 필요가 있다.

일반적으로 벤처기업은 초기 자금 융자에 결합하여 신청하여 지정을 받는다. 벤처인증의 기본조건에 융자를 통한 신청조건이 맞는 경우가 있는데, 이를 간과한 창업자는 별도의 추가 인증비와 서류 심사 단계가 진행되므로 이 부분에 대해 초기에 멘토링을 통한 절차를 인지하였다면 손쉽게 발급받을 수 있다.

부설연구소의 경우도 자체로 신청하기 그리 어렵지 않은 인증이지만 멘토링이 없는 상황에서는 별도의 비용을 지불하고 대행 서비스를 받는 경우가 많아 기업의 비용 부담이 된다.

창업가는 홈페이지의 연혁에 게재할 수 있는 기업 인증을 일종의 기업 스펙으로 생각하여 등록 가능한 인증은 모두 받으려는 경향이 있다. 그러나 메인비즈와 이노비즈 인증은 기관이 다르나 유사성이 있어 보통의 경우는 하나만으로도 같은 효과를 얻을 수 있다. 그런데 굳이 두 개를 받아야 하는 것으로 생각하여 이 부분에서 낭비가 있기에 멘토링을 통하여 이러한 중복성은 배제할 필요가 있다.

기업인증제도는 보편적으로 인증기간이 있어 1~3년마다 갱신하는데 이를 알지 못하여 부담을 지는 경우도 있으므로 필요한 인증 여부에 대해 멘토링을 통하여 도움을 받을 필요가 있다.

5. 정부의 각종 지원제도 활용을 위한 멘토링

(1) 제품인증 지원제도 활용

KC인증, 전자파인증 등 제품을 유통하기 위한 필수 인증에 대하여 정부에서 지원하는 제도들을 활용하는 방안에 대하여 멘토링으로 지원할 필요가 있다.

(2) 마케팅 지원제도 활용

정부기관 또는 공공기관에서 기업의 어려움이나 기술경쟁력 강화 및 초기판로 확대 등에 관한 지원을 하는 여러 가지 제품인증제도들이 있다. 이 또한 멘토링을 통해 접근 방안과 활용에 대한 지원을 해야 한다.

① 컨설팅 지원 : 기술 · 품질 · 신인도 인증 / 조달 등록

인증 및 등록 항목		지원한도	비고
기술 인증	신제품(NEP), 신기술(NET)	5백만 원까지	총 소요비용의 50% 이내
	녹색기술인증	3백만 원까지	
품질 인증	성능인증, GR마크	3백만 원까지	
	환경마크	1백만 원까지	
	고효율에너지기자재인증	3백만 원까지	
	K마크	3백만 원까지	
신인도 인증	Q마크	1백만 원까지	
	KS인증, 단체표준인증	3백만 원까지	
조달 등록	다수공급자계약(MAS)	1백만 원까지	
	조달 우수제품 등록	4백만 원까지	

② 품질성능검사비 및 인증수수료 지원 : 13종 인증 취득 제품

인증 및 등록 항목		지원한도	비고
기술 인증	신제품(NEP), 신기술(NET), 녹색기술인증	6백만 원까지	총 소요비용의 80% 이내
품질 인증	성능인증, GR마크, 환경마크, 고효율에너지기자재인증, K마크		
신인도 인증	Q마크, KS인증, 단체표준인증		

③ 공공기관 홍보자료(카탈로그) 제작지원 : 주요인증 및 등록취득 제품

주요 인증 및 등록 항목	지원한도	비고
신제품(NEP), 신기술(NET), 성능인증, 조달우수제품 등록	2백만 원까지	총 소요비용의 80% 이내

(3) 수출 지원제도 활용

수출을 지원하는 기관으로는 코트라, 중진공, 수출지원센터, 지자체 등이 있다. 각 기관마다 지원 용도가 다르기에 기관별 지원 사업을 파악하여 멘티에게 맞는 지원 사업을 권장하는 것이 필요하다. 수출 관련 지원 사업은 중복성 제한이 없는 편이므로 필요한 사업은 모두 신청하여 수출의 활성화에 도움이 되는 멘토링이 필요하다.

사소하게는 영문 카탈로그 지원이나 매년 지불하는 도메인 비용의 할인, 그리고 홈페이지 제작에 이르기까지 다양한 수출기업 지원제도들을 안내하여 고정 비용을 절감하게 하는 멘토링이 이루어진다면 멘티의 만족도는 매우 높아질 것이다.

중소기업수출지원센터에서는 수출여건을 갖추고도 해외정보난 전문인력이 부족하여 수출대상국에서 요구하는 해외 규격인증을 획득

하지 못한 중소기업을 대상으로 해외규격인증 획득 소요비용의 일부(50~70%)를 지원하는 제도가 있다. 이 지원제도는 275개의 제품 인증 분야를 가진 수출을 위한 필수 인증이므로 잘 활용하도록 한다.

제품인증분야(275개)

1	3-A (미국낙농 및 식품가공 기기인증)	EN ISO 20471 (반사색 안전조끼 인증)	NIPH (노르웨이 음용수 관련 인증)
2	AAR (미국철도협회)	ENEC (European Norms Electrical Certification)	NK (일본선급협회)
3	ABS (미국선급협회)	Energy Star (미국에너지스타)	NMMA (미국요트트레일러인증)
4	ACMI AP (미국창작재료협회)	EPA (미국환경보호국인증)	NOM (멕시코 제품안전규격)
5	ACRS (호주신뢰성인증)	EQM (아랍에미레이트 제품적합성마크)	NOP (유기제품인증)
6	AD2000 (독일압력용기인증)	ESV (유럽위성지구국 관련 인증)	NORSOK (노르웨이표준해양규격)
7	AdBlue (유럽자동차매연저감제인증)	ETL (Electrical Testing Laboratories)	Novel Food (신규 식품과 신규 식품 첨가제에 대한 인증)
8	ADR (호주자동차안정 및 배기량 규격)	ETL SANITATION (국제보건위생인증)	NPC (미국위생도기규격)
9	AEC-Q (자동차용전자부품품질인증)	EU 2092/91 (EU의 유기농식품인증)	NR (미국국가위원회원자력부품 수리인증)
10	AEM (장비제조 및 서비스에 관한 국제무역협회인증)	EU-MED (유럽선박장비인증)	NRTL (미국국가인정시험소)

11	AENOR (스페인규격협회)	F☆☆☆☆ (일본친환경규격)	OE (OCS-유기농목화섬유에 대한 인증)
12	AGA (미국가스협회)	FCC (미국연방통신위원회)	Oeko-tex (유럽섬유환경인증)
13	AGA (가스안전인증-호주)	FCN (미국식품포장제등록제도)	OFTA (홍콩이동통신인증)
14	AHRI (미국제냉난방협회)	FDA (미국식품의약품국)	OIML (국제법정계량기구)
15	AISC (미국 강구조물 협회)	FIBC (산업용포장재의 정전분류)	OpenADR (전력수요관리인증)
16	ALE 1.0 (RFID 제품인증)	FIMKO (핀란드 전기기기검사협회)	Pattern Approval Certificate (러시아 계측기인증)
17	Allergy UK (영국알러지협회)	FIRA (영국가구산업연구협회)	PCI (신용카드단말기보안국제규격)
18	AMCA (공조기시스템국제협회)	F-mark (일본전기용품 및 부품)	Profibus (국제공장자동화기기인증)
19	AMECA (미국자동차안전부품인증)	FMVSS (미연방자동차안전기준)	PSB (싱가포르 생산성표준원)
20	ANATEL (브라질국가정보통신국)	FSC (국제산림관리협의회)	PSC (Product Safety Consume) 일본소비생활용제품안전인증
21	ANMAT (아르헨티나 의료기기인증)	FTC (화염시험인증)	PSE (일본전기용품형식승인)
22	ANSI (미국규격협회)	G7Master (국제인쇄표준)	PTCRB (북미휴대폰인증)
23	ANSI/ASHRA (미국냉동공조학회규격)	GL (독일선급협회)	QI (무선충전표준 인증)
24	ANSI/BHMA (미국건축제품인증)	GLOBAL G.A.P (국제우수농수산물인증)	RCM (호주전기전자강제인증규격)
25	ANSI/BIFMA (미주사무 및 가구제품인증)	Gold Seal (미국음용수 관련 인증)	RDSO(인도 철도인증)
26	ANVISA (브라질 식품의약품 인증)	GOST (러시아 표준규격)	REACH (유럽신화학물질관리제도)

27	API (미국석유학회)	GOST-K (카자흐스탄 인증)	Regulation EC No 1223/2009(유럽화장품유해 물질규제지침)
28	AQSIQ (중국국가질량감독검역총국)	GOTS (국제유기농섬유규격)	Regulation EC No 1935/2004(유럽식품접촉 물질규제지침)
29	ARAI (인도 자동차협회)	Greenguard (친환경인증시스템)	Regulation EC No 79/2009(유럽수소자동차 규제지침)
30	ARTC (대만자동차 및 부품인증)	GS (독일품질안전)	RINA (이탈리아선급협회)
31	AS (호주규격협회)	GSA (미국연방조달청)	RoHS (유럽유해물질사용제한)
32	ASME (미국기계학회)	GTT (프랑스 GTT 선급)	RS (러시아선급협회)
33	ASTM (미국시험재료협회)	HALAL (이슬람음식 및 영양협회)	RTN (러시아연방유해산업 시설인증)
34	A-Tick (호주전자파적합성규격 -유선)	HAS (싱가포르 의료기기 등록)	Russia Hygienic Conclu- sion (러시아위생증명)
35	ATP (부패성 음식의 수송적합 승인)	HC (캐나다 의료기기인증)	SAI GLOBAL (호주품질보증협회:QAS)
36	BAA (일본자전거승인)	HDMI (PC와 디스플레이의 인터페이스 표준규격)	SASO (사우디아라비아 표준화 기구)
37	BABT (영국통신기기승인)	HG/T 2888-2010 (중국고무장갑 시험검사)	SCS (미국 과학적 환경인증 시스템)
38	BBA (영국건자재인증)	HIRF (High Intensity Radiated Fields)	SEMI(유럽반도체장비인증)
39	BDIH (독일유기농마크인증)	HSNO APPROVAL (유해물질과 신규생물 관련 인증)	SEMKO (스웨덴전기기기협회)

40	BIS (인도제품인증)	IAAF (국제육상경기연맹)	SG-Mark (소비자제품안전인증)
41	BLUESIGN (섬유화학물질인증제도)	IACP (국제 경찰청장협회)	SIL (국제안전레벨등급인증)
42	Bluetooth (블루투스 제품인증)	IAPMO (미국배관자재환경인증)	SINCERT (고압전기제품 및 부품인증)
43	BOKEN (일본방적검사협회)	IC (캐나다산업성)	SIRIM (말레이시아 표준산업규격)
44	BPR (유럽살생물제 관리법)	ICASA (남아프리카공화국독립통신 위원회)	S-mark (일본전기용품시험소)
45	BQB (블루투스제품 간 호환성 확보목적의 인증)	ICC-ES Evaluation Reports (미국건축자재 관련 제도)	SNI (인도네시아 국가규격)
46	BRC IOP (국제식품안전협회 포장재 승인 규격)	IECEE (IEC안전규격상호인증)-CB	Solar Keymark (유럽태양열제품적합성인증)
47	BRCFOOD (식품안전글로벌규격)	IECEx (국제방폭상호인증)	SONCAP (나이지리아 강제 인증)
48	BSI (영국표준협회)	IFOAM (세계유기농업운동연맹)	SP (스웨덴 국립시험연구협회)
49	BSI BS EN489 (열(히트)파이프지침)	I-LIDS (영국 경찰 비디오분석 인증)	SRCC (미국태양열집열기인증)
50	BSMI (대만 표준검험국)	IMQ (이탈리아전기기술협회)	SRRC (중국통신제품형식승인)
51	BV (프랑스선급협회)	INMETRO (브라질 강제인증)	TC (캐나다 위험물질 운송 인증)
52	CAN/CGSB155.20 (캐나다 방염원단인증)	IRAM (아르헨티나전기안전협회)	TCO05 (정보사무기기효율인증)
53	CCC (중국 강제인증)	ISIRI (이란 강제인증)	TELEC (일본무선통신 관련 인증)
54	CCNR (라인강 항해 중앙위원회 인증)	ISO 3834 (용접ISO인증)	TFDA (대만 의료기기)

55	CCS (중국선급인증)	ISO12500 (압축공기용필터국제표준)	TGA (호주의약품규제기관)
56	CDSCO (인도약품표준통제국)	ISO22899 (해양 제트화재 발생위험 안전인증)	The Skin Cancer Foundation's Seal of Recommendation (피부유해 자외선 차단 검증 인증)
57	CE (유럽공동체마크)	ISO7096 (토공기계인간관련진동규격)	Toxproof (환경유해물질안전마크)
58	CEBEC (벨기에 전기기기시험소)	Japan Type Approval of Maritime Equipment (일본 선박형식승인)	TRA (인도 및 티벳지역 농자재 인증)
59	CFDA (중국국가식약품감독관리국)	JAS (일본 유기제품인증)	TSE(터키 강제인증)
60	CGAC (중국 가스용품품질감독시험 센터)	JATE (일본 전기통신단말기기승인 원)	TUV(독일 기술관리협회)
61	CMA (중국 계측학허가인증)	JET PVM (일본 태양광인증)	UPC (미국배관 및 기계인증)
62	CNS (대만국가표준)	JHOSPA (일본위생수지협의회인증)	USCG (미국해양안전관련규제)
63	COFETEL (멕시코통신인증)	JIS (일본표준규격)	USDA (미국농무성환경인증)
64	Conforming Golf balls (국제골프제품안전인증)	JPAL (일본의료기기)	VCCI (일본 전자파장애자유규격 협의회)
65	COSPAS-SARSAT (조난경보기 또는 위치정보 제품인증)	KEMA (네덜란드전기시험소)	VDE (독일전기기술자협회)
66	COSQC (이라크표준)	KOSHER (유대교식품적법인증)	VdS (독일 보험협회 인증)
67	CPA (중국 계측기 형식승인)	KTW test certification (독일식수 관련 인증)	Vincotte (벨기에 환경인증)
68	CPRI (인도전기전력인증)	KUCAS (쿠웨이트 제품적합인증)	Water Mark (호주배관제품인증)

69	CPSC (미국 소비자제품안전위원회)	LFGB (독일 식품용품법)	Water Sense (미국환경보호국인증)
70	CPSIA (미국소비자제품안전개선법)	LGA (독일 바이에른 공업시험청)	WELS (호주물효율라벨링제도)
71	CQC (중국제품안전자율인증)	LPCB (보안 및 화재예방인증)	WHI (북미지역건축자재인증)
72	CR (대만선급협회)	LR (영국선급협회)	WHO(세계보건기구)
73	CSA (캐나다 표준규격)	M Classification (공공건물 내 섬유 재료 규제)	WPC(인도 통신기기 인증)
74	CSEL (중국보일러 및 압력용기 인증)	MiamiDade NOA (미국건축자재인증—플로리다주)	WPS(선급용접절차승인)
75	CSQL (중국안전품질승인)	MIL-STD-810G (미국육군장비규격)	WQA (미국수질협회)
76	CSTB (프랑스 건축자재 인증)	MOH (중국보건부인증)	WRAS (영국수질협회인증)
77	CTI (미국냉각탑협회,미국열성능)	MPA (유럽소비자보호시험소)	Z-Wave Product Certification (전자제품상호호환성인증)
78	C-Tick (호주 전자파적합성 규격 -무선)	MPHPT (일본우정통신성)	소방안전증명서 (러시아)
79	CU (러시아강제인증)	MPR2 (전자파측정 및 검사규격)	수출·입수산물·수산가공품의 품질관리 및 위생안전
80	DEMKO (덴마크 전기기기검사협회)	NADCAP (국제항공자동차부품인증)	의료기기 러시아연방보건 감독청 (Registration Certificate of Medical Devices)
81	DGCCRF (프랑스의소비자보호 및 불공정경쟁감시국인증)	NAL (중국통신인증)	인도네시아 유무선 통신기기 인증
82	DIN (독일규격협회)	NCHRP (미국고속도로 관련 시설물 연구프로그램)	일본ECOmark (일본 친환경제품인증)

83	DLC (북미에너지절감인증)	NEBS (미국네트워크장비구축 시스템)	일본 건축자재평가
84	DLMS-COSEM (계량장비프로토콜의시험 인증)	NEMKO (노르웨이 전기기기협회)	일본 불연재료인증
85	DNV (노르웨이 선급협회)	NEPSI (중국 방폭관련인증)	일본 위생허가
86	DOT (미국운수성)	NF (프랑스표준규격)	일본철골제작 공장인증
87	ECOCERT (프랑스 생산공장 인증)	NFPA1971 (가연성 제품의 화재방지 규격)	중국 수입 첨가제 등록
88	Eco-Labeling (EU 환경마크)	NFRC (창호단열규정)	중국 유기농 식품 인증
89	ECO-PASSPORT	NGV2 (고압연료탱크 규격)	중국미생물수입등록
90	EFSA (유럽식품안전청)	NIJ (미법무성사법연구소)	중국위생허가
91	e-Mark (유럽연합차량용 부품안전 인증마크)	NIM (중국계량과학원)	폐기물 선적 전 검사
92	EMV (국제IC카드보안인증)	NIOSH (미국국립산업안전보건 연구원)	

(4) 전시회, 박람회, 상담회 지원제도 활용

각종 전시회 참가는 기업에게 있어 판로를 개척하는 데 가장 효과적인 마케팅 수단 중 하나이다. 수출기업들에게 짧은 시간 안에 한 장소에서 기존 및 신규 바이어 들과 상담을 할 수 있을 뿐만 아니라 관련 시장 정보까지 습득할 수 있기에 전시회 참여는 반드시 필요하다. 기업 및 신제품에 대한 고객의 반응과 요구 사항을 직접 들을 수 있고 관련

미디어에 홍보 도움도 받을 수 있다. 인적 교류 등을 통한 네트워크 구축도 중요한 부분이다.

국내외에서 개최되는 이러한 전시회는 산업별 특정 품목별로 개최되는 경우가 많아 전시회 개최 일정을 멘티에게 제공할 필요가 있다. 특히 정부 또는 지자체에서 전시회 참가의 일정 금액을 지원받을 수 있다면, 적은 금액으로 큰 효과를 낼 수 있기에 전시회 지원 사업은 멘토링에서 매우 중요하게 다루어져야 한다.

국제전시산업협회에 따르면 전 세계적인 전시회는 연간 3만 건이나 되고 국내에서 열리는 전시회도 연간 500여 개에 달한다. 일례로 〈주간무역〉이라는 매체에서는 '2017년 주목할 만한 국내외 전시회'를 선정하여 수출기업들의 전시회 참가 결정에 필요한 참고자료로 제공하였다.

산업통상자원부가 선정한 '글로벌 탑 전시회'는 국내에서 개최되는 무역 전시회 가운데 "총 전시면적 3만m^2", "참가업체 500개사", "해외 참가업체 125개사", "해외바이어 1750여 명" 등의 요건을 충족한 전시회다. 해외 전시회는 규모가 14만m^2 이상이 되는 전시회 가운데 "IT·전자", "산업기계", "농축산업", "소비재", "포장전시회" 등 각 분야별 대표 전시회를 뽑아 정리한 것이다.

① 국내 전시회
- 국제의료기기&병원설비전시회 : 국내외 의료기기, 병원설비와 의료정보시스템
- 서울국제식품산업대전 : 식품 산업

- 한국전자산업대전 : 국내 최대 전자 · IT 전시회
- 부산국제조선해양대제전 : 해양방위산업(Naval & Defence), 항만 물류Seaport, 조선 · 플랜트산업Kormarine 등 3개 분야의 전시회
- 서울카페쇼 : 커피를 포함해 차, 베이커리, 인테리어, 프랜차이즈 등 카페 산업 전반을 아우르는 국내 대표 커피 전문 전시회

② 해외 전시회
- CES : 미국 라스베이거스에서 개최되는 세계 IT · 전자 제품 전시회
- SIMA : 국제농기계 및 축산장비전시회
- 하노버산업박람회 : 산업자동화, 에너지, 디지털공장전, 산업부품 공급
- 홍콩선물용품 박람회 : 판촉용품, 선물용품, 문구, 장난감 등이 전시되는 선물용품 전문 박람회
- 인터팩Interpack : 세계 최대 포장 전시회

수출기업의 전시회에 대한 지원 사업은 정부, 공공기관, 지자체에서 지원하고 있으며 지원사업에 따라 전시회 참가비나 항공료 등의 다양한 부분에서 지원이 되고 있다. 최근 들어 아이디어 경진대회에서 부상으로 전시회 지원사업과 창업교육 이후의 지원사업 등으로 여러 지원이 있으므로 멘토들은 실시간으로 목록을 업데이트하여 멘토링에 활용할 필요가 있다.

대표적 지원사업으로 코트라에서 지원하는 사업이 있는데, 이 지원

사업은 해외에서 개최되는 전시회에 KOTRA와 유관단체가 공동으로 한국관을 구성하여 수출업체들의 전시회 참가를 돕는다. 지원사항은 다음과 같다.

- 직접소요 경비(임차료, 장치비, 운송비 등)의 50% 이내 국고에서 지원(단, 출장자 항공임, 숙식비, 통역비 등은 참가업체 개별 부담)
- 한국관 면적 임차, 장치 디자인 시공, 전시품 운송 및 통관, 통역섭외, 바이어 유치, 상담 후 사후관리 등 기타 행정 서비스 제공

업체 선정은 해외무역관 및 공동수행기관이 제품의 특성 및 현지 시장성 평가 후 이루어진다.

03 START-UP MENTORING
멘토링 종류 및 적용 분야

멘토링은 매우 다양하게 분류할 수 있다. 우선 멘토와 멘티의 인원 조합에 따른 분류가 있을 수 있는데, 멘토와 멘티 단둘이 진행하는 단독 멘토링, 멘토 여러 명과 멘티 한 명이 진행하는 멘토링, 멘토 한 명과 멘티 여러 명이 진행하는 합동 멘토링, 그리고 전문 분야를 지정하여 진행하는 전문 멘토링 등이 있다.

또한 멘토링의 접근 방안이나 횟수에 의한 분류로서 한 번 멘토링을 받아보려는 일회성 멘토링에서 일정 기간을 설정하여 정기적인 미팅을 통하여 진행하는 정기적 멘토링, 그리고 해결하려는 목적을 가지고 횟수를 지정하여 그 안에 문제를 해결하는 횟수 지정 멘토링 등도 있다.

이 외에도 해결 방안에 따른 분류, 지정 형태나 제공 형태에 따른 분류 등이 있으며 앞으로 더욱 발전적이고 다양한 멘토링의 종류가 늘어나게 될 것이다.

이처럼 다양한 멘토링의 종류 중에서 일반적으로는 단독 멘토링 또는 전문 멘토링이 효과 측면에서는 가장 우수하다고 할 수 있으나 중요한 사실은 어떤 종류의 멘토링이든 장단점이 존재한다는 것이다. 따라서 '어느 방법이 좋다'라고 섣불리 단정하기 보다는 여러 가지 상황을 충분히 고려하여 가장 적합한 종류의 멘토링을 찾아 적용하는 것이 필요하다.

1. 멘토링의 종류

(1) 형태에 의한 분류

① 단독 멘토링

단독 멘토링은 멘토와 멘티가 한 명씩 만나서 멘토링을 진행하는 것으로 일반적인 멘토링 형태에 해당된다. 단독 멘토링은 멘티의 이야기를 충분히 듣고 멘토가 멘토링을 한다는 측면에서는 상호 대화가 충분하다. 그리고 멘티의 애로사항이나 문제점에 대해 멘토가 다양한 방법으로 멘토링을 전개하여 멘토의 의견이 충분히 전달되는 효과가 있다. 그러나 멘토 한 명의 의견을 전달하기에 멘토가 제공하는 내용에 오류가 있을 경우 매우 위험한 결과를 초래할 우려가 있다. 또한 멘티가 원하는 깊이의 멘토링이 되지 않아 만족도가 떨어질 경우 대책이 없다는 문제점도 있다.

단독 멘토링을 통하여 멘티의 불만이 발생할 경우 멘토에 대한 전반적 자질 문제와 불용론이 발생할 수 있어 일방적 방식을 자제한 고품질의 멘토링이 요구되는 형태이다.

② 공동 멘토링

공동 멘토링은 여러 명의 멘토가 한 명의 멘티에게 함께 멘토링을 제공하는 형태이다. 멘티의 요청에 따라 여러 명의 멘토가 각자의 능력에 해당하는 멘토링을 진행하므로 멘티는 다양한 의견과 방향을 얻을 수 있다. 따라서 단독 멘토링에서 우려되는 부족함이 상당히 해소되어 만족도가 높아진다. 또한 멘토링 과정을 통하여 멘토들 역시 다른 멘토들과의 협업 속에서 추가적 지식을 습득할 수 있다.

그러나 여러 명의 멘토들의 의견을 종합해야 하기에 멘토들 간의 방법적 의견 차이로 선택에 어려움이 발생할 수 있다. 또한 멘토들 간의 경계심으로 각자의 노하우를 충분이 제공하지 못하거나 '빅마우스(Big mouth)' 멘토가 있다면 지나치게 주도적 의견으로 다양한 의견을 청취하는 과정에 걸림돌이 될 수 있다. 따라서 공동 멘토링은 초기 멘티들의 입문 단계에서 적용하거나 지나치게 예민하지 않은 주제가 있는 멘토의 경우에 사용하면 좋을 것이다.

③ 합동 멘토링(집단지성)

합동 멘토링은 공동 멘토링과 유사하지만 적용 방향과 효과를 취득하는 목적에서 차이가 있다. 합동 멘토링과 공동 멘토링의 가장 큰 차이는 멘티의 수에 있어 공동 멘토링이 여러 명의 멘토에 멘티가 한 명이라면, 합동 멘토링은 멘토와 멘티 모두 여러 명이라는 차이가 있다.

여기서 여러 명의 멘티와 멘토가 1:1 형태로 돌아가면서 멘토링을 진행하는 방법과 1 : 다수의 형태로 역시 멘토들을 돌아가면서 만나는 형태가 있다. 보통의 방법에서는 멘티 4~6명 정도가 멘토 한 명과 만나고 일정 시간이 흐른 후 멘티 그룹이 다른 멘토를 만나는 형태로 이루어진다.

이런 형태의 멘토링은 멘티가 많고 멘토가 상대적으로 적은 경우에 멘토의 다양한 의견을 청취할 필요가 있을 때 사용되는데, 시간적 여유가 많은 해커스 대회 같은 곳에서 많이 사용되고 있다. 이런 형태의 멘토링은 처음 배정한 멘토와의 대화 시간이 상대적으로 많으며 두 번부터는 멘토링 집중도가 떨어지는 특징이 있다. 또한 멘토의 성향과 자질에 대한 멘티의 판단이 가능하여 자신과 코드가 맞는 멘토 또는 자신이 요구하는 목적에 좋은 내용을 제공하는 멘토를 찾기 쉬운 형태이다.

합동 멘토링에서는 단독 멘토링과 공동 멘토링이 이루어지기도 하므로 다양한 장단점이 도출되는데, 이런 면을 고려해 사업의 형태에 따라서 세부 항목으로 진행하면 좋을 것이다.

④ 타킷(전문) 멘토링

전문 멘토링은 IoT 기술 융합 등 전문성이 필요하다. 6대 산업군의 분야별 전공 멘토들이 해당 기술을 바탕으로 요청한 사항에 대하여 전문성이 바탕이 되어 지도하는 멘토링이다.

4차 혁명 시대의 흐름에 발맞춰 사물인터넷, 3D 프린터 등의 IT 기술과의 융합이 산업 분야 전반에 걸쳐 요구되는 상황에서 IT 전공 멘토들의 멘토링으로 여러 기술의 장단점을 파악하여 융합에 적용할 세부 기술의 적용 효율성을 고려한 지도가 필요한 멘토링이다. 이는 멘티들이 자신의 기술에는 최고의 지식과 능력을 가지고 있지만 새롭게 발표되는 기술과 알고리즘의 습득이 어려운 점을 감안하여 그 부족한 부분을 보완하는 기술 융합에 대한 다양성 제시가 가능한 멘토링이다.

전문 멘토링은 기술적 바탕을 가지고 멘티의 기존 기술과 제품 파악이 필요하므로 멘토 역시 기술적 다양성과 최신 기술에 대한 개념이 정립되어 있어야 진행이 가능하다. 멘티들도 여러 방면의 교육과 독학을 통하여 신기술 습득에 노력하고 있으므로 멘토의 기술적 깊이에 따라 멘티들의 만족 여부가 결정하고 기대에 미치지 못할 경우 불용론이 발생할 가능성이 있으므로 주의해야 한다.

⑤ 심층 멘토링

분야별 전문가로 구성된 멘토들이 한 명의 멘티에게 전문적 내용에 의거해 멘토링을 진행하는 방식으로 과외 수준의 심도 있는 멘토링이 진행된다. 심층 멘토링은 멘티가 사전에 요청하여 해당 전문가로 구성하는 방식과 여러 방면의 전문가를 구성해 놓고 멘티가 필요에 따라 해당 멘토링을 받을 수 있는 환경을 구성하는 방식이 있다. 자신이 직접 요청한 전문가들의 심층 멘토링을 받을 수 있어 멘티의 만족도가 매우 높다.

그러나 전문 멘티를 한 명의 멘티에게 배정하기에는 시간과 비용 면에서 비효율적이어서 많은 멘티들에게 사전 조사를 통하여 요청하는 전문 분야 중에서 최대한 중요한 분야의 멘토들을 추려 멘티들이 원하는 전문 분야의 멘토들을 돌아가면서 상담하는 방식으로 진행된다.

보편적으로 멘티의 만족도가 높고 멘티 단체별로 돌아가면서 진행에 따른 멘토들의 역할도 충분히 발휘할 수 있어 많이 사용되고 있다.

⑥ 대행(아바타) 멘토링

멘토링을 통해 멘티의 기술과 아이디어를 충분히 인지한 멘토가 멘티의 기업에서 역할을 대신하는 멘토링 기법이다. 가장 대표적인 사례는 연구개발과제 대면 평가 발표에서 멘티를 대신하여 발표하고 질문에 답변하면서 멘티를 전폭적으로 지원하는 것이다. 이런 과정을 통하여 멘티는 멘토의 발표 스킬이나 질문에 대답하는 대응 방안을 직접 보고 배우게 된다. 이론과 말로 지도하는 것보다 현실성과 직접성에서 매우 효과적이다.

그러나 멘토가 멘티의 기술이나 아이디어를 충분히 소화하지 못하여 자칫 다른 발표를 한다든지 아바타 역할이 매끄럽지 못했다면 오히려 부정적 이미지가 각인될 우려가 있다.

(2) 접근방향에 의한 분류

횟수 약속이 없이 진행하는 일회성 멘토링, 한 달에 1~2번 규칙적으로 진행하는 정기적 멘토링, 특별한 항목과 목적을 제시하고 횟수를 정하여 멘티가 참여하는 기획 멘토링 등이 있다.

① 일회성 멘토링

일반적으로 멘티와 멘토가 처음 접할 경우 적용하는 멘토링으로 멘토링 횟수 제한을 두고 만나는 것도 아니고 마케팅, 사업계획서 등의 목적을 만들어 진행하지 않고 멘티들이 필요한 사항을 가지고 진행하는 멘토링이다. 멘티와 멘토가 만나는 장소와 방법은 다양하며 멘티의 만족도가 어느 정도인지, 또한 추가적 만남이 간절한지에 따라 차기 멘토링이 결정되는 방향으로 진행된다.

멘티는 멘토에 대한 기대 심리가 있어 멘토의 말에 절대적으로 신임하려는 자세가 일회성 멘토링, 특히 처음 멘토링을 접하는 멘티들에게 가장 강하다. 멘티가 기대 심리가 강한 상태에서 접근하기에 멘토들의 역할이 어느때보다도 부각되고 멘토들의 긴장도 가장 심하다. 여기에서 멘토들의 대응에 따라 멘토링 지속 여부에 대한 결정이 이루어진다.

② 정기적인 멘토링

멘토와 멘티가 일정 기간을 정하여 규칙적으로 만나서 진행사항의 점검부터 요청하는 모든 사안에 대해 멘토링한다. 횟수는 다양하지만 보통 한 달에 1~2회 의무적으로 만나는 멘토링이 일반적이다. 하지만 전체 기간에 몇 번이라는 식의 전체 횟수 규정에 의한 방법과 횟수와는 무관하게 멘토링 시간을 규정하여 전체 계약기간에 정기적인 멘토링을 유도하는 방식 등 다양한 방법을 유도할 수 있다.

특징은 규칙적인 방법을 통하여 진행하므로 멘토는 멘티의 진행 사항 파악이 쉽고 멘토가 필요한 다양한 정보를 먼저 제공하여 멘티의 발전을 선도하는 방법론으로 상당히 유용한 방식이다. 일반적 멘티들은 당면하는 현안에 대해 멘토링을 요청하므로 예측 가능한 상황에 대한 준비가 부족할 수 있기에 멘토들이 단계별 상황과 예견되는 애로 사항을 미리 준비시키고 대비하는 정보 제공으로 앞서가는 멘토링 방법이다.

단점으로는 한 번의 멘토링에 따른 업무 진행 기간이 필요한 경우에도 정해진 다음 회차가 도래하여 어쩔 수 없이 멘토링을 받아야 하거나 여러 번의 멘토링으로 멘티가 더 이상의 멘토링이 불필요하다고 느끼는 경우 등이 발생할 수 있다.

따라서, 계약기간에 규정한 규칙적인 멘토링은 멘티의 요구사항을 잘 분석하고 멘티의 현재 상황을 잘 파악하여 Time Schedule을 작성해야 하며 좀 더 나은 정보 제공의 알파를 준비할 필요가 있다. 예정된 멘토링으로 만족하는 멘티도 많지만 이보다 한 발 앞선 추가적 정보 제공에 더욱 만족도가 높아지므로 멘토들은 하나라도 더 주어야 한다는 사명감이 필요할 것이다.

③ 기획성 멘토링

협회나 단체 등에서는 회원사를 대상으로 특정 목적에 필요한 멘토링을 기획하는 경우가 많다. 마케팅, 수출 지원, 연구과제 기획 등의 목적을 정하여 자체적으로 멘토 또는 멘토들을 모집하여 3~5회 정도 기간을 정해 진행하는 멘토링이다. 기획성 멘토링은 지원금으로만 운영하지 않고 신청하는 기업에게 운영에 드는 비용 일부를 부담하게 하여 꼭 필요한 사람 위주로 신청토록 유도한다.

기업에서 이 기획성 멘토링을 신청하게 되면, 먼저 멘토링 기간을 지정하고 기업부담금이 규정되어 있는 상황에서 필요한 법률, 노무,

기술 등의 멘토링 항목을 선택하고 멘토들을 선정하는 방식으로 이루어진다.

　기획 멘토링은 자부담이 있고 멘토를 스스로 선택하는 방식이므로 멘토링의 완성도 및 만족도가 높은 편이다. 다만 기업에서 부담하는 비용이 있고 요구 사항의 수준이 높아서 웬만해서는 멘토링에 대해 만족한 평가를 얻기가 어렵다.

(3) 요청의 해결 방안에 따른 분류

　멘티가 요구하는 요청들에 대해 전문가를 매칭하여 해결하려는 중계형 멘토링, 직접 정보를 찾고 습득하여 제공하는 자문형 멘토링, 요청사항에 필요한 자료를 찾아서 제공하는 자료제공형 멘토링 등이 있다.

① 중계형 멘토링

　다양한 멘티들의 요구사항을 멘토 한 명이 해결하기는 쉽지 않으므로 자신이 해결할 수 없는 요구에 대해서는 다른 멘토와 연결시켜 줄 필요가 종종 생긴다. 멘티의 요구 사항의 상당 부분에서 전문적인 영역인 경우 독자적인 해결보다는 해당 전문 멘토에게 이관할 필요가 있는데, 이를 중계형 멘토링이라고 한다. 중계하는 방법은 자신과 같이 소속된 멘토단 또는 다른 멘토들 중에서 멘티의 요구에 가장 적합한 멘토를 찾아서 연결시켜 준다. 멘토들은 각자 전문 분야가 있어 해당 분야에는 강점이 있지만 다른 분야에 대해서는 직접적인 해결보다는 해당 전문 멘토를 통해 대응하는 것이 멘티의 신뢰 및 만족도를 높이는 방법이다. 하지만 많은 멘토들이 이런 중계형 멘토링을 그닥 선호하지 않는데, 그것은 멘티들이 새롭게 소개받은 멘토에게 많은 부분 의지할 경우 자신의 멘티를 빼앗기는 느낌을 받을 수 있기 때문이다.

이런 단점에도 불구하고 멘티의 만족도를 높이는 것이 중요하기에 전문 분야 멘토에게 멘토링을 받을 수 있는 기회를 제공하는 중계형 멘토링은 반드시 필요하며, 평소 많은 멘토들과의 교류와 특성 파악을 통하여 중계가 필요할 때 활용할 수 있도록 준비해야 한다.

② 자문형(습득 제공형) 멘토링

멘티의 질문과 요구 사항 중에 멘토가 답하기 어려운 부분이 매우 적을 경우에는 중계형보다 멘토 자신이 이 부분을 공부하여 멘토링하기도 하는데 이를 자문형 멘토링이라 한다.

멘토링은 일반적으로 종료라는 단어가 불가능하므로 전체 멘토링의 일부에서 다른 분야의 내용이 도출되면 다른 멘토들에게 자문을 하거나 스스로 습득하여 멘티에게 전달해야 한다. 자문형과 중계형은 다른 멘토에게 의존하는 부분이 일부분인지 아니면 상대적으로 많은 부분인지의 차이에서 결정된다. 자문형 멘토링은 지속적인 관계를 유지하면서 멘토링이 가능하다는 장점이 있으나 전문분야가 아니기 때문에 새로 검색하고 습득한 지식의 신뢰성에 문제가 있을 수 있다. 또한 전문가에게 자문을 받으려면 노하우로 인한 전수에 소극적일 수밖에 없으므로 멘티가 만족하는 수준의 멘토링이 되기 어려운 단점이 있다.

③ 제공형 멘토링

　멘티가 요구하는 멘토링 중에는 인허가 절차 등의 자료를 찾아서 제공해야 하는 경우가 있다. 이런 사안들은 부설연구소 설립 등 한 번의 경험으로 전문가 역할이 충분히 가능하므로 처음 접하는 멘티들에게는 자료 제공 및 인터넷상의 접수 과정 제공만으로도 만족스런 멘토링이 될 수 있다.

　최근 들어 멘티들이 정부의 연구과제 정책자금을 신청하려는 흐름이 강하여 사업계획서 작성에 대한 멘티들의 멘토링 요청이 많아지고 있다. 그렇지만 정책자금에는 접수하는 날짜가 지정, 공지되는 공고문을 알아야 하는데, 멘티들은 이를 일일이 챙기지 못한다. 때문에 멘토들에게 공고문을 제공하는 경우가 많아지고 이를 이용하는 멘티들의 만족도도 높아지고 있어 이후 제공형 멘토링은 더욱 많아질 것이다.

(4) 멘토의 지정 형태에 따른 분류

　멘티와 멘토의 만남은 일반적으로 자의적이기보다는 타의적이다. 멘티가 멘토의 약력을 보고 직접 선택하는 간택형 멘토링, 기관에서 멘티의 요구사항을 판단하여 적합한 멘토를 지정해 주는 지정형 멘토링, 멘토가 멘티를 선택하는 선발형 멘토링 등이 있다.

① 간택형 멘토링

　멘티들은 멘토들의 신상정보와 경력 등에 관한 기본정보를 제공받는다. 간택형 멘토링은 멘티들이 이러한 정보를 보면서 자신에게 맞는 멘토를 선택할 권리가 주어지는 매칭으로, 스스로 결정했기에 결과에 승복하는 마음이 이미 전제된다.

기획 멘토링 분야에서 이 유형이 많이 선호되고 있는데, 한 번 결정된 멘토들은 특별한 경우가 아니면 계속 같이 진행하는 특징이 있다. 여기서 멘토 선택은 멘티가 명단을 보고 즉시 결정하는 것이 아니라 전화로 멘토의 생각과 멘토링 방향에 대해 질문을 하는 경우도 있고, 직접 대면하여 적합 여부를 판단하기도 한다.

간택형 멘토링에서는 멘티 스스로 결정 기회를 가지고 충분한 검토할 수 있다는 장점 때문에 결과에 대한 수용 의지도 강하다. 다만, 멘토의 선정 과정에서 여러 단계에 걸쳐 검토하므로 시간이 오래 걸리고 멘토링에서 요구사항 해결이 늦어질 수 있으며 한 번 선택한 멘토는 교체하기 어려운 만큼 불만족한 상태에서도 끝까지 함께해야 하는 문제점이 있다.

② 지정형 멘토링

예비창업자, 창업교육 등에서 다수의 (예비)창업자를 멘토링할 경우 적용하는 방식으로, 주최하는 기관에서 멘티들을 여러 개의 그룹으로 쪼개어 멘토를 임의적으로 지정하여 실시하는 멘토링이다. 많은 멘티를 멘토링하기에 그룹으로 분류해도 4~8명의 멘티를 모아서 멘토 한 명이 멘토링을 진행하게 되는데, 이때 대화하는 멘티 한 명을 제외하고 나머지 멘티들은 경청하기 쉽지 않다. 따라서 이 유형에서는 그룹을 이끄는 멘토의 재량과 역할이 무엇보다 중요하다.

창업 아이디어 대회, 경진대회, 해커톤 대회 등과 같이 많은 멘티를 교육하거나 멘토링하는 경우에 사용되는데, 유사한 입장과 상황에 처해 있거나 예비창업자들처럼 동질성을 가진 그룹에서 매우 효과적이다. 진행되는 모든 대화 내용이 해당 그룹 멘티들에게 관심사이고 추후 필요가 예상되는 내용이기 때문에 이러한 유형이 매우 유익한 방법이 된다.

그러나 그룹 안의 대상자가 다양하고 공통 분모가 부족한 경우 멘토링이라면 만족도가 현저히 떨어지는 방식이며 멘토가 전체를 이끄는 주제 선정과 멘토링 방식에서 유익하지 못하다거나 지루하게 느껴 불만이 발생하는 단점도 있다.

③ 선발형 멘토링

멘토링을 희망하는 멘티들을 모집하여 선발 과정을 거치는 유형이다. 멘토링 진행 기관에서 무료 또는 교육, 투자 등의 다양한 혜택을 가지고 멘토링을 진행하므로 많은 멘티들이 모집되고 이 중에서 멘토링을 통하여 발전 가능성과 고도화가 가능한 멘티들을 멘토가 직접 선발하는 방식이다. 이렇게 선발한 멘토가 2~3명의 멘티를 전담하는 전담 멘토제가 되어 지속적 멘토링이 가능하다.

이 유형은 멘토가 평소 멘토링을 통하여 정기적 멘토링이 필요한 멘티를 지정하는 경우에 발생하고 선발 과정에서 자신의 멘토링으로 도움이 될 (예비)창업자를 선택하므로 멘티에게는 선택권이 없는 것이 특징이다. 그러나 선정된 멘티는 멘토링 기관에서 다른 멘토와의 멘토링을 받을 수 있어 지정된 전담 멘토를 통하여 다른 분야의 전문 멘토와 연결되는 등 혜택이 다양하므로 많은 멘티들이 선호하고 있다.

이런 장점에도 불구하고 선발 과정이 필요하고 시간 소비와 탈락 인원에 대한 거리감, 멘토 한 명당 배정받을 수 있는 멘티 인원의 한계 등의 문제점이 있다. 또한 일정 기간 동안 지속적으로 멘토링을 진행하므로 피로도가 발생할 수 있다.

그럼에도 전담 멘토링 제도를 통한 멘티들의 매출 증대, 고용인원 확대, 특허 출원 건수의 증대 등에서 많은 효과가 발생하므로 잘 활용한다면 매우 유익한 방법이다.

(5) 제공 형태에 따른 분류

효과적 방식의 멘토링들이 다양한 실험과 경험을 통하여 계속 제공되고 있다. 초기에 가장 쉽게 접근하고 지속적으로 활용할 수 있는 교육방식의 멘토링, 멘티의 질문에 서면으로 답변하는 온라인 답변 멘토링, 멘티의 요구사항을 실습 형태로 제공하는 실습형 멘토링 등이 있다.

① 교육형 멘토링

가장 오래된 멘토링 방식은 교육을 통하여 멘토링을 제공하는 방식이다. 많은 인원을 소수의 멘토가 진행할 때 적절한 방식이다. 멘티들에게 전달하려는 목적에 맞는 커리큘럼을 제시하고 멘티들에게 교육하는 방식으로 멘토링을 진행하며 지속적인 질문과 대답으로 전체적인 목적이 달성되도록 진행하는 방식이다.

교육 진행에서 1:1 또는 1:N으로 만나서 직접 멘토링을 진행하므로 멘티들의 요구사항 해소가 가능한 방식이다. 교육용 멘토링은 교육에만 국한하지 않고 일부 교육 후에는 그루핑한 멘티 책상에서 보조 멘토들이 교육 내용을 보완하여 설명하고 구체화하는 린 캔버스(Lean canvas) 작성 등을 통해 멘티의 참여를 높이는 방식으로 만족도를 높이고 있다.

창업교육, 즉 전국 단위의 많은 창업자 또는 예비창업자의 멘토링 대회에서 자주 사용하고 있는 이 방식은 진행의 효율화가 필요하며 멘티의 요구사항을 다양한 방법으로 수용해야 한다. 따라서 무엇보다 교육과 멘토링의 적절한 조화가 요구된다. 이런 다양성을 만족시키기 위하여 재미가 가미된 게임이나 퀴즈를 포함해 집중도와 만족도를 높이면 인원이 많은 교육생이 있는 상황에서는 매우 효과적인 멘토링 방식이다.

② 온라인 답변식 멘토링

멘토와 멘티가 만나는 공간을 온라인으로 국한하고 아주 특별한 경우에만 오프라인 만남이 이루어지는 멘토링 방식으로, 특히 출원한 아이디어 검증을 받으려 할 경우 큰 도움이 되는 멘토링 방식이다.

창조경제타운에서의 멘토링은 상당히 많은 멘토와 멘티들이 온라인 사이트에서 만나면서 시작된다. 멘티가 자신의 아이디어를 게시하면 해당 분야 멘토들에게 문자 또는 메일을 발송하여 접속을 유도한다. 시간과 내용에서 답변이 가능한 멘토들이 해당 사이트의 게시판에 답글을 작성하면, 멘티는 그것을 읽고 자신의 아이디어를 지속적으로 고도화가 가능한 멘토의 답변을 선택하여 1:1 멘토링을 진행하는 방식이다.

이 방식은 의견이 다른 멘토들에게 노출됨으로써 답변 작성 시에 위축될 가능성이 있고, 아이디어에 대한 답글이 간소화되어 멘티의 선택 폭이 줄어드는 경향도 있다.

한 번 배정된 멘토는 멘티의 아이디어를 고도화시켜 본선 응시가 가능한 기술로 고도화시키는 멘토링을 진행한다. 많은 예비창업자들이 자신의 아이디어를 검증받을 수 있는 아주 유익한 제도이지만 온라인 상에 고유한 아이디어들이 노출된다는 단점이 있고 지적재산권 지원을 받고는 있지만 변형된 아이디어에 대한 우려와 기존 제품들의 아이디어 도용 우려가 있다.

③ 실습형 멘토링

멘티들의 아이디어 또는 제품 구상 단계에서 제품의 완성도를 높이려면 말이나 자료로 설명하기보다는 기존 제품 개발 단계의 과정에 관련 부산물을 제공하는 방식, 또는 아이디어와 유사한 시제품을 만드는 과정에서 발생하는 부산물을 보여주고 실습하는 방식의 멘토링이 효과적이다.

특히 기술이 필요한 분야에서 사용되는 방식으로 SW 또는 HW 두 개의 적용에 모두 필요하지만 멘티의 아이디어에 대한 직접 실습이 아니라도 유사한 아이디어 또는 기술에 대한 관련 실습을 보여주어 멘티들의 아이디어가 완성되기에 HW 기술에 적용하기에 효과적이다. HW

는 아이디어를 시제품화하려는 단계가 많고 결과에 대한 검증 단계가 복잡하여 간단한 HW 실습을 통하여 멘티 아이디어의 결과물에 대한 오차를 줄일 수 있다.

그러나 실습 멘토링은 멘토의 현장 실기 능력이 필요하며 해당 멘티를 여러 명 모집하기 어려워서 극소수를 상대로 진행하여 실습 장비 투입에 따른 혜택이 부족하다. 따라서 실습형 멘토링은 공통적으로 요구하는 멘티들이 어느 정도 채워질 수 있는 상황에서 적용이 가능한 방식이다.

(6) 접근 목적에 따른 분류

특정 기술을 목적으로 진행하는 기술형 멘토링, 인허가 방법 등의 행정 절차를 지원하는 인허가 멘토링, 정부의 정책과제정보의 제공이 필요한 정보제공형 멘토링, 연구개발 사업계획서 작성 방법 등의 사업계획서 지원 멘토링, 홍보 등의 지원이 필요한 마케팅 멘토링, 특허나 실용신안 등의 지적재산권 취득 멘토링 등이 있다.

① 기술형 멘토링

최근 기술 융합이 많이 요구되는 멘티들의 기술 관련 멘토링 요청이 많아지고 있다. 4차 산업혁명이라는 최근의 흐름과 맞물려 멘티의 요구 사항 역시 기술 적용에 따른 기술 검토 요청으로 나타나는 것이다.

멘티들은 기술적 면에서는 많은 지식과 노하우가 있지만 다른 기술과의 융합을 통한 기능과 기술 개선 부분에서 취약하기에 멘토의 도움이 필요하다. 이때 멘토는 기술을 바탕으로 고도화가 필요한 멘토링을 제공해야 한다.

멘토는 해당 기술에 대한 분석과 융합 기술을 통한 개선 가능성 방향 제시만으로도 멘티에게는 충분한 도움이 되므로 멘티의 기술을 함부로 판단하거나 장단점을 단정 지으려는 태도는 배제하여야 한다.

사물인터넷 기술에 적용되는 센서의 경우에도 최근 들어 각광받는 센서의 다양성을 설명하고 멘티가 선정한 센서를 대체하거나 개선 가능성에 대해 설명하는 것으로 멘토링이 진행되어야 한다.

기술형 멘토링에서는 멘토의 기술적 지식도 어느 정도 확립되어 있어야 하지만, 멘토의 해당 기술이 오랜 연구를 거친 멘티의 깊이를 능가하기는 쉽지 않다. 따라서 다른 기술의 검토가 부족한 멘티에게 대체 기술 또는 보안 기술에 대한 멘토링을 진행하는 것이 효율적이다.

② 인증형 멘토링

창업자 기업이 필요로 하는 부설연구소, 벤처기업, 이노비즈인증, ISO 등의 다양한 인증에 필요한 멘토링을 지원하는 방식이다. 보편적 인증은 비용이 발생하지 않는 경우도 간혹 있지만 대부분의 경우 비용이 발생하고 멘토에게 인증 심사원의 자격증이 요구된다.

부설연구소. 벤처기업 등의 인증은 심사원 자격이 없이 온라인상에서 인증 신청으로 멘토링 역할을 진행할 수 있지만 ISO 인증 등은 인증 비용과 심사원 자격이 있어야 인증의 마무리까지 진행할 수 있어 자격이 없는 멘토의 멘토링은 만족도가 적을 수 있다. 따라서 멘토들은 가능한 인증 심사원 자격증을 가지고 경험을 통한 멘티들의 요구에 부응할 수 있는 자격 등급을 가지고 있어야 한다.

경험이 부족한 초기 기업들은 인증의 어려움과 불가능할 것이라는 막연한 두려움이 있기에 멘토들이 필요성과 절차 등 전반에 걸친 설명으로 희망하는 멘티 기업의 인증을 원활히 수행해야 한다.

③ 정보 제공형 멘토링

멘티들에게 예비창업자 또는 기존 창업자에게 연구개발을 통한 정부의 정책자금 선정이 큰 비중을 차지하는 반면, 정책과제 공고에 대한 인지는 부족한 상황이다. 따라서 멘토들은 신청 가능한 과제 공고를 해당 멘티에게 제공하는 방식으로 멘토링을 진행해야 하는데, 이것이 바로 정보 제공형 멘토링이다.

정부의 정책자금은 부처마다 다르며 창업자의 여건에 따라 신청 가능한 공고를 선별해야 한다. 장책과제 공고는 부처마다 공지하는 사이트가 다르고 일일이 검색하는 방식으로는 멘티의 정보 취득에 어려움이 있어 멘토들이 해당 기업의 신청 가능한 공고를 제공한다면 멘티들의 만족도는 매우 커질 것이다.

이런 정보를 습득하기 위해서 멘토는 다양한 루트에서 과제 공고문을 취득하고 현행화하여 최신 정보에 대한 검색을 해야 한다. 연구개발 과제 공고는 실시간으로 취합하여 필요한 많은 멘티들에게 전달할 수 있어 활용도 및 멘티 만족도를 높이는 자료 중 하나로 사용한다.

④ 정부지원사업 접근 멘토링

최근 들어 멘티들에게 연구과제 선정은 선택보다는 필수로 자리 매김되고 있다. 보조금에 대한 의존도가 높아진다는 부정적 시각도 있지만, 대체로 아이디어 1차 검증이라는 사업화의 검증 단계 및 사업화를 위한 시제품 개발 자금으로 활용한다는 긍정적인 평가가 더 많다.

정책과제를 신청하려는 멘티들은 사업계획서 작성에 대한 작성방법을 많이 요구하는데, 여러 명의 멘트들에게 각각 작성 요령을 배우려고 한다. 과제의 선정을 위해서는 사업계획서 작성은 물론 특허 출원 등의 지적재산권 등의 보안 자료 준비 과정에서도 전반적 멘토링 지원이 필요하다. 36번의 실패 후에 37번째 비로소 선정된 사례에서 보듯이 수많은 (예비)창업자들이 신청을 하기 때문에 결코 선정이 쉽지 않은 여건이므로 많은 노력과 준비가 필요하다.

⑤ 취득형 멘토링

멘티들의 아이디어가 양산 단계를 넘어서 비즈니스 단계로 진입할 경우 자사 제품의 독점권은 아니라도 방어권이 가능한 지적 재산권 확보의 필요성이 상당히 높다. 또한 제품 확보 후에 KC인증, 전자파 인증, 수출을 위한 CC인증 등의 많은 제품 인증에 대한 멘토링의 요구가 높아지고 있는 상황이다. 제품 출시 후 국내외에 유통하려면 제품 산업에 맞는 인증을 받아야 하고 제품의 제작 과정에서 인증을 염두에 두고 진행해야 한다. 제품 인증은 종류에 따라 시간과 비용이 다르기에 출시에 따른 일정 조율이 필요한 상황이다.

인증에 따른 비용과 시간의 과다로 인한 간소화 및 제외되는 인증제도가 있으므로 1381 표준 콜센터로 문의하여 인증제품 여부를 먼저 파악하여야 한다. 최근 들어 전자파 인증에서 ISM밴드 대역대 전자파 인증은 전 세계적으로 인증을 제외로 하는 추세로서 우리나라에서도 인증을 받지 않아도 된다. 또한 배터리 용량의 고효율 제품을 사용하지 않는 경우도 KC 인증의 대상에서 제외하는 등 제도에 대한 사항을 멘토가 인지하여 확인한 후에 멘티에게 정확한 내용을 전달할 필요가 있다.

(7) 접촉방법에 따른 분류

대부분의 멘토링이 대면으로 이루어지지만 시간적 차이로 인한 다양한 형식이 진행될 수 있다. 일반적으로 진행하는 대면에 의한 멘토링, 전화, e-Mail 또는 스마트폰을 활용하는 스마트폰 멘토링, 멘티의 질문에 답변하는 방식의 온라인 멘토링 등이 있다.

① 대면 멘토링

멘토와 멘티가 직접 만나서 멘토링을 진행하는 가장 일반적인 멘토링으로 1:1 멘토링이 가장 많이 사용된다. 직접 만나서 멘토링을 진행하므로 충분한 대화가 가능하여 멘토링 효율이 높은 방식이다. 다만, 멘토와 멘티가 만나는 시간이 필요하므로 서로의 여유 시간 조율이라는 과정이 필요하다.

② 스마트폰 활용 멘토링

멘토와 멘티의 멘토링에서 자주 사용하지는 않지만 시간 조율이 어렵고 정해진 주제가 있는 경우 사용하는 방식이다. 대면 멘토링과 함께 사용하는데, 대면 멘토링에서 충분한 대화가 진행되고 요구한 자료 등이 있는 경우에 사용하게 된다. 이는 기획 멘토링 등에서 대면과 혼용하여 사용하기에 멘토링 전반에 걸쳐 지장이 없으며 꼭 대면방식을 요구하기보다는 시간적 효율성에서 유익한 멘토링 기법이다.

스마트 폰 활용 멘토링은 단독으로 사용하는 경우도 있지만 효과 면에서 다른 멘토링 기법과 혼용하는 방식으로 멘토링 효과를 배가시키는 데 적합하다.

③ 온라인 멘토링

스마트폰 멘토링과의 차이점은 하나의 온라인 공간에서 게시판 형태의 질의응답방식으로 진행되는 멘토링으로 창조경제타운 등의 일부 멘토링 기관에서 활용하고 있다. 대면 멘토링보다 효율 면에서는 부족하지만 많은 멘티들과 멘토들의 만남이 필요한 곳에서 사전 파악을 위한 방식으로 활용하기에 좋다.

즉 본격적 멘토링 이전에 상대방이 적합한지 검토하는 과정에서 사용함으로써 온라인 멘토링만으로 종료하는 경우보다는 대면 멘토링 등의 다른 기법으로 본격적 멘토링이 이어지므로 궁극적으로 멘티의 만족도를 높이는 보조적 방안 중 하나가 된다.

2. 멘토링의 적용 분야

멘토링 적용 분야는 특정 산업군만 한정된 것이 아니라 전 산업 분야에 걸쳐 이루어지고 있는 상황이다. 멘토링의 어원에서도 친구의 어린 아들을 훌륭하게 키운 이야기가 나왔듯이(멘토링의 정의 참조), 인생 전반에 걸쳐 멘토링은 필요하다.

멘토링의 제도권에서 본다면 활용이 제일 활발한 분야는 교육과 창업 분야라고 할 수 있는데, 특히 창업 분야의 멘토는 사업화의 어려움 속에서 다양성이 존재하므로 분야별, 성장단계별로 멘토링이 다르게 적용되어야 한다. 예비창업자에서부터 중견 기업에 이르기까지 기업의 형태도 다양성이 존재하며 각 단계별 멘토링 내용도 다르게 전개되므로 멘토의 역할이 고도화될 필요가 있다.

(1) 창업 분야

① 예비창업자

예비창업자는 자신의 아이디어를 가지고 사업에 접근하려는 사람으로 사업자를 등록하지 않으면서 보유한 아이디어 검증에서 지적재산권 확보를 거쳐 사업화로 이어지는 여러 단계에서 검증을 지원하는 멘토링이 필요하다. 예비창업자는 보편적으로 사업자등록과 사무실 확보를 우선적으로 고려하는 경우가 많아서 멘토링을 통하여 자택 사무실을 활용하는 방안과 1인창조기업 확인을 통한 센터 무상활용 방안 등을 통해 비용 최소화를 안내한다.

예비창업자를 지원하는 기관은 중소기업청 산하 창업진흥원의 스타트업(www.K-Startup.go.kr)에서 교육 및 연구개발 등 다양한 지원을 하고 있다, 예비창업자에게 창업넷 사이트를 안내하고 사업자 등록 무료 지원 등의 다양한 창업지원사업을 활용하도록 멘토링 지원을 할 필요가 있다.

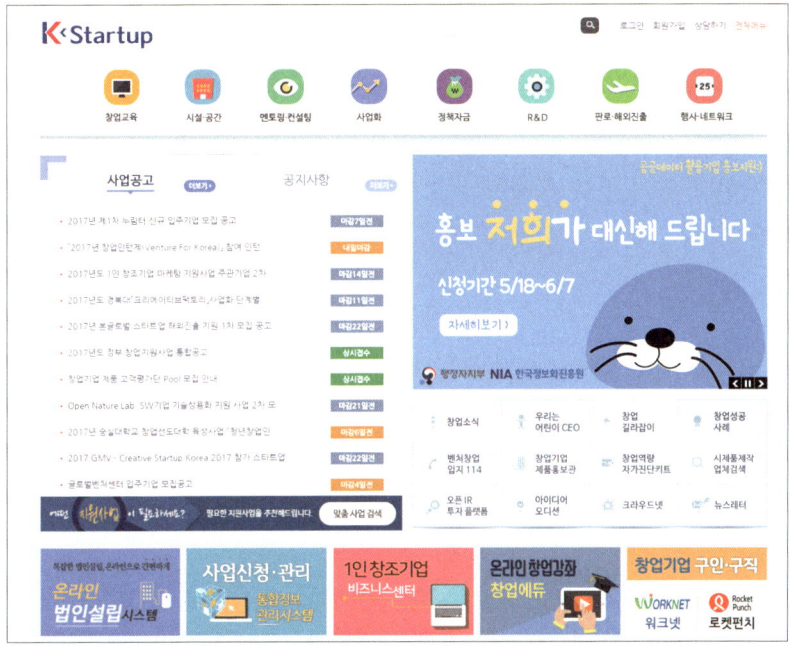

다음은 예비창업자 단계에서의 멘토링 지원 상황이다.

멘토링 항목	멘토링 요청 사항
아이디어 도출	아이디어 검증 및 형상화
아이디어 경진대회 참가	• 경진대회 공고 제공 • 대회 참가 사업계획서 작성 지원
사무실 확보	자택 또는 1인창조기업 권장
사업자등록증 발급	보류하고 예비창업자로 활동 요청
연구개발 특허 출원 등	선행기술 조사를 통한 특허출원
연구과제 정책자금 신청	• 예비창업자 접근가능 공고 제공 • 과제 신청 사업계획서 작성 지원
기술 연구 개발 검토	시제품을 위한 기술지도
시제품 개발 방향 요청	제품개발 방향 검토 및 제시

② 초기 창업자

창업법에 의한 초기기업은 7년이지만 일반적으로 창업초기기업은 3년 이내를 말한다. 3년 이내의 기업은 예비창업자와 유사한 멘토링을 전개하고 있지만 유통 제품의 출시가 이루어지고 마케팅이 필요한 기업의 특징을 가지고 있다. 또한 연구개발제품의 경우도 고도화가 필요하여 안정화 단계에 있는 제품 확보 상황이 많은 부분을 차지하고 있다.

초기창업자의 경우 경영 전반에 걸쳐 시행착오를 겪게 되므로 정립된 부분이 적지만 체계적인 멘토링을 진행하면 기업이 안정화되는 데 효과가 높을 것으로 판단된다.

멘토링 항목	멘토링 요청 사항
세무 관련	정기적인 신고 부분과 절세(노란우산공제, 저축연금 등)
특허 등 지적재산권 확보	특허 출원 보조금 제도 안내
인력 증원에 따른 보안	채용장려금, 인턴제 활용 안내
퇴직금 등의 인사 노무	퇴직연금, 내부 규정 등 정립
연구과제 신청 방안	정책과제 공고 제공 및 사업계획서 작성 지도
전시회, 박람회	해외 전시회, 투자설명회 제공
마케팅 지원 요청	홍보 마케팅 지원사업 활용
유통 채널 정립	채널 정책 정립과 계약서 지원
자본 확충	투자설명회 참여 등 제공
벤처인증, 부설연구소 승인	기업의 각종 인증 지원 필요

③ 중소기업(3년 이상)

3년 이상의 중소기업은 기간적으로 볼 때 안정화를 넘어 도약 단계의 기업 형태로 세무, 노무 등에서 안정화가 이루어지고 연구개발이 필요하다. 제품의 안정적 유통으로 인한 제품 개선이 필요한 시기이다.

3년 이상의 중소기업에서 필요한 멘토링 사항은 제품의 조달 등록 등의 마케팅 활성화 사업 또는 정부에서 지원하는 연구개발 정책자금과 해외 전시회 등의 정보 제공과 서류 작성의 도움 요청이 많다. 따라서 3년 이상의 중소기업은 기업 활동 분야보다는 연구개발 정책과제와 보조금 지원사업에 대한 멘토링을 요청하는 경향이 있다.

멘토링 항목	멘토링 요청 사항
특허 등 지적재산권 확보	특허 출원 보조금 제도 안내
인력 증원에 따른 보안	채용장려금, 인턴제 활용 안내
퇴직금 등의 인사 노무	퇴직연금, 내부 규정 등 정립
연구과제 신청방안	정책과제 공고 제공 및 사업계획서 작성 지도
전시회, 박람회	해외 전시회, 투자설명회 제공
마케팅 지원 요청	홍보 마케팅 지원사업 활용
자본 확충	투자설명회 참여 등 제공
조달청 제품 등록 등	조달청 우선구매 제품 등록(GD, NET, NEP 등 인증)

(2) 재직 취업 분야

① 집단지성 취업 멘토링

집단지성 취업멘토링 서비스인 코멘토에서는 취업준비생이 지원하고자 하는 기업에 재직 중인 선배들의 집단 지성을 활용해 자기소개서 첨삭 및 취업 관련 상담을 받을 수 있다. 또한 본인이 겪었던 취업 준비 과정 및 직장생활 경험을 바탕으로 취업준비생들에게 도움이 되는 의견을 제공하는 현직자 멘토는 참여 정도에 따라 소정의 보상을 얻을 수 있다.

집단지성 서비스는 삼성, 현대기아차를 포함한 국내 주요 대기업은 물론 존슨앤존슨, 로레알코리아 등 다수의 외국계 기업 현직자 2,500여 명이 멘토로 참여하고 있으며, '15년 하반기에 2만여 건이 넘는 자기소개서와 취업 관련 상담 멘토링이 제공되었으며, 취업이나 진로와 같이 경험적 지식이 요구되거나 상담, 보험, 법무, 의료와 같은 전문영역은 개인의 네트워크와 경제력 수준에 따라 정보격차가 심한 단점을 보완해 나가는 서비스로 확대되고 있다.

② KOREATECH 취업클리닉센터

한국기술교육대학교는 기업체에 재직 중인 동문을 직접 방문하여 생생한 현장 정보를 얻을 수 있는 "찾아가는 취업멘토링"을 실시하고 있다.

③ 취업 연계 산업체 멘토링Mentoring 프로그램

영남대학교 공학교육센터에서 실시하는 프로그램으로 다음과 같은 내용으로 실시한다.

- 취업을 앞둔 공학계열 재학생을 대상으로 취업 가능성이 있는 지역 기업체에 재직 중인 취업 선배(졸업생/멘토)와의 결연을 통해 학생(멘티)들에게 취업희망 기업에 대한 조언자로의 역할 및 산업체에 대한 정확한 정보와 취업을 위한 각종 정보 제공, 현장 실무에 대한 경험 등을 간접적으로 제공받을 수 있는 개인별 맞춤형 취업 채널 구축
- 졸업생(멘토)에게는 졸업학과에 대한 지속적 관심을 유도하여, 졸업생-재학생 및 산업체-대학 간의 네트워크를 구축하고, 공학계열 학생들의 현장실무 및 취업 경쟁력 강화
- 멘토-멘티 구성 : 멘티(학생)팀당 멘토(취업 선배) 1인(팀 구성 시 멘티가 멘토를 추천하여 신청)
- 멘티(학생)들이 멘토(취업 선배)를 추천하기 어려울 경우 공학교육혁신센터에서 해당 학과 멘토(취업선배)를 최종 매칭하여 안내

	멘토(Mentoring)	멘티(Mentee)
대상	산업체에서 근무하고 있는 영남대학교 공학계열 학부(과/전공) 졸업생	영남대학교 공학계열 3~4학년 재학생 4인 이상 팀 구성
선정팀(명)	12명(팀당 1명)	12팀(팀당 4명 이상)

(3) 기타 분야

① 일반인 창업 아카데미

창업에서 성장, 사후관리까지 동문과 선후배 및 전문가가 서로 협력하는 집단지성 네트워크 체계 구축

가. 선배 창업자 및 벤처투자 전문가 등으로 구성된 전담멘토제를 활용, 구체적 코칭을 수행케 함으로써 창업지원 효과 극대화

나. 창업 이후 겪게 되는 위기 상황에 대하여 함께 대응하고 협력할 수 있는 Peer 멘토 네트워크 구축

다. 아카데미 종료 후에도 지속적으로 교류할 수 있는 관계 형성

■ 사업의 내용

- 사전 진단 프로그램 : 창업 준비 상황 및 학습 목표, 전담멘토 지정 창업 준비 상황에 대한 사전 이해를 통해 적합한 멘토 배정과 학습 목표 설정 등을 통해 실질적인 창업지원 효과 제고

- 칭업교육 : 기본이 강한 벤처창업하기, PSW Challenge Camp, VC 코칭클래스. 창업의 지적 수준 강화를 목표로 참여자들이 지속적인 성장 발전을 이뤄낼 수 있도록 수준 높은 맞춤형 창업교육 프로그램

- 멘토링 : 수강생의 성공적 학습에 필요한 개인화 지원(전담, 전문가, 선배창업자). 교육 과정을 통해 일반적인 정보와 지식을 습득한 후 개인화 단계를 지원하여 수강생 자신의 창업과정에 필요한 문제해결 및 위험요소 제거

- 창업 및 사업화 지원 : 수료생 대상으로 개별지원 설정. 수험생들의 개별적 이슈를 바탕으로 창업에 필요한 전문적 영역에 필요한 멘토링, 지식재산권, 벤처인증 및 기타 경영정보 등 제공

② 외국어 학습 멘토링

■ 멘토링의 필요성

가. 멘토링mentoring이란 특정 지식이나 경험을 가진 조언자mentor가 이를 전수받고자 하는 멘티mentee와 일대일 결연을 맺음으로써 상호발전을 도모하는 프로그램으로, 사회의 여러 분야에서 지식과 경험을 전수하는 효과적 방법으로 폭넓게 활용되고 있다.

나. 멘토링은 특히 교육 분야에서 유용하게 활용되어 학교와 지역사회 나아가 국가의 경쟁력을 향상시킬 수 있는 프로그램으로 기대되고 있다. 그 중에서도 외국어 교육 분야는 해당 언어에 대한 많은 노출이 요구되는 특성상 멘토와 멘티가 긴밀하게 상호 작용하는 멘토링으로 상당한 학습 성과를 거둘 수 있다.

멘토링 방법

　　　　　　멘토링 진행은 시작과 끝이 질문으로 이루어진다. 멘티의 기술이나 기업 현황 파악도 질문과 대답을 통하여 분석할 수 있고, 충분한 멘토링을 통한 방향 제시도 질문을 통해 멘티 스스로 설정할 수 있도록 한다. 이는 멘티에게 결정권을 넘겨 책임을 전가하라는 얘기가 아니라 가장 좋은 방향이라고 생각하는 것을 질문을 통해 스스로 찾는 일종의 안전장치라 할 수 있다.

　멘토링을 통하여 멘티에게 가장 좋은 것이라는 판단이 들어도 그 판단이 정답이라는 보장은 없으므로 잘못된 판단으로 인해 자칫 멘티에게 안 좋은 결과를 제공할 우려에 대해 멘토 과정에서 반대 의견을 도출해 봄으로써 보완하는 방식이다.

　멘토링 방법에 정답은 있을 수 없다. 따라서 확실한 방법은 질문이다. 그 외에 경청, 시대 흐름의 반영, 기존 제품과의 차별성 검토, 선행 기술조사를 바탕으로 한 특허 출원, 효율적 시제품 개발, 금형을 비롯한 양산, 홍보에 필요한 마케팅, 수출을 위한 전시회, 박람회 참가 등의 방법을 함께 활용한다.

1. 경청 Listening

　사람의 눈과 귀는 두 개이지만 입은 하나인 이유는 "말하기보다는 더 많이 보고, 들으라."는 뜻이라고 한다. 이 말이야말로 멘토들에게 적용되는 것이 아닌가 싶다. 초기 멘토링에서 멘토와 멘티는 상당히 경직된 분위기일 수 있는데, 이때 유기적 상황을 만드는 것은 멘토의 몫이다.

　'경청'은 동서고금을 통하여 강조되는 덕목이자 그만큼 실행하기 어려운 것으로서 공자는 "말을 배우는 데는 2년, 경청하는 데는 60년이 걸린다."고 했다.

　경청을 실천하여 성공한 사례에 관한 이야기가 있다. "제가 그룹 부회장이 되자마자 선친이 직접 붓으로 쓰신 '경청'이라는 글귀를 선물로 주시더군요. 그래서 그 후엔 회의할 때나 현장에 갈 때 가능하면 한마디도 말을 안 하려고 했습니다. 그래서 내가 말을 못한다는 소문까지 돌았다고 합니다. 당시 제 짧은 생각에도 참으로 좋은 가르침인 것 같았어요. 그렇게 10년 가까이 지내는 동안 상대방의 처지를 헤아리고 생각하는 힘을 키울 수 있었습니다." 이 말의 주인공은 삼성그룹 이건희 회장이다. 그의 선친이자 창업자인 고 이병철 회장이 경청이라는 큰 가르침을 주었고 그것을 실천하여 좋은 결과를 얻게 된 것이다.

　경청은 그냥 듣는 것이 아니라 마음으로 헤아리고 공감하는 마음 자세이자 태도로서 주의할 점을 정리하면 다음과 같다.

- 상대의 얼굴과 눈을 마주보고 경청한다.

적어도 이야기하는 사람의 얼굴과 눈을 바라보면서 들어야 한다. 자연스러운 모습에서 필요 시에 다른 행동도 가능하지만 기본적 자세는 상대방의 얼굴과 눈을 바라보는 것이어야 한다.

- 경청 중에 적절한 맞장구 필요하다.

얘기를 듣는 중간에 말이나 제스처 등으로 공감과 이해를 표시하는 것은 말하는 사람에게 매우 큰 힘이 된다. 말을 듣다가 공감이 필요한 부분에서 "예~", "그렇군요."라는 대응을 함으로써 경청하고 있음을 표현하면 상대방에게 대화의 편안함을 제공하는 방안일 뿐 아니라 공통의 인식을 가졌다는 것을 알려주는 좋은 방법이다.

- 경청 중에 대답이 필요한 경우

경청 중에 상대방의 질문을 받았다면 즉시 대답하기보다는 몇 초 정도 기다렸다가 답한다. 즉각적인 대답은 자칫 말을 끊는다는 인상을 줄 수도 있고, 상대방의 말이 지루했다거나, 성의없이 기계적으로 대답한다는 느낌을 줄 수 있다. 상대방의 말을 충분히 듣고 숙지한 다음에 대답한다는 인식을 주기 위해서는 진지한 답변자세가 필요하다.

- 이해하지 못한 부분에 대해서는 질문한다.

질문과 경청은 다른 방식으로 생각되지만 경청 중에 상대방이 하던 말을 잘 이해하지 못했거나 대화의 내용을 강조할 필요가 있을 경우 질문을 통하여 확인하는 것이 필요하다. 특히 잘 이해가 되지 않는 경우 중간에 말을 끊는 것보다는 말을 모두 마친 후에 질문하는 것이 좋다.

- **선입견으로 예측하지 말자.**

상대방의 말을 잘 듣다보면 대부분은 무슨 말을 하려는지 예측 가능하고 무슨 의사를 전달하려는지 파악된다. 하지만 경청에서는 그런 점을 조심해야 한다. 그 예측이 잘못된 것일 수도 있고 선입견을 가진 상태에서 듣다보면 반대 논리만 생각 나서 말하는 사람의 진정한 의도나 결론에 소홀하기 쉽다. 대화의 상대가 다양한 만큼 말의 빠르기나 언어 구사력도 천차만별이므로 선입견을 가진 채 대화에 임하는 것은 매우 위험하다. 어떠한 경우라도 상대를 존중하고 말을 끝까지 들으면서 최대한 상대방의 입장을 이해하려는 노력이 필요하다.

- **들은 내용을 확인한다.**

상대방의 말을 듣고 질문이나 대화를 할 경우에 상대방이 한 말을 요약하여 한 번 더 얘기함으로써 확인하는 방법이 필요하다. 대화의 상대가 다양하므로 간혹 이해를 못하는 경우도 있고 핵심을 판단하지 못하는 경우 등 여러 상황이 발생할 수 있다. 때문에 들은 내용을 요약하여 얘기하고 확인을 하는 과정이 필요하다.

- **대화 중에 다른 생각을 하지 않는다.**

머릿속이 복잡하거나 여러 가지 일을 진행할 때 집중력이 떨어질 수 있다. 이런 상태에서 상대방의 말을 듣게 되면 기계적으로 머리를 끄덕일 수는 있지만 표정에서는 집중력이 떨어진 것이 드러나게 되고 대화의 만족도는 현격히 떨어지게 된다. 경청을 위해서는 마음을 비우고 머릿속에 다른 생각들은 지우는 노력이 필요하다. 대화는 단지 언어의 문제가 아니고 표정, 언어, 자세 모든 부분에서 집중력이나 진지함이 드러나게 되므로 주의를 해야 한다.

- 주요내용은 메모한다.

마음으로 대화하는 경청 과정의 내용을 머릿속에서 기억하기는 쉽지 않고 사람의 기억에는 한계가 있어 기록이 필요하다. 특히 대화 당사자와 피드백을 주기로 약속을 했다면, 기록을 통하여 반드시 이행해야 한다. 또한 상대방의 얘기가 길어지고 자칫 집중력이 떨어진 상황에서 중간중간 기록하는 것을 통하여 집중도를 높일 수도 있다.

이상에서 살펴본 경청에서의 주의사항은 보다 진지하고 만족도 높은 대화를 위해 사소하지만 매우 필요한 부분이다. 효과적인 대화는 멘토링에서 중요한 부분이기 때문이다.

2. 대화 Telling

　남자와 여자가 같은 자세로 아기를 안아도 대부분의 경우 남자에게 안긴 아기들은 칭얼거리며 불편함을 표현한다. 말을 못하는 아기들로서는 칭얼거림이나 울음으로 자신의 상황을 알리는 것이다. 이처럼 대화의 기본적인 방법은 말이지만 몸짓이나 표정으로도 충분한 대화가 가능할 수 있다. 이렇듯 대화에는 다양한 전달 수단이 총체적으로 포함되므로 각각의 부분에 대한 섬세한 고려가 필요하다. 그런 측면에서 좋은 대화나 나쁜 대화는 어떤 것인지 알아보자.

(1) 부정적 대화

■ 일방적인 대화

　멘토링에서 가장 나쁜 대화란 어떤 것일까? 주입식의 일방적 자기주장을 전달하는 것이다. 사실 이런 대화는 차라리 하지 않는 것이 낫다. 이런 대화는 멘토링으로 더 나쁜 악영향을 주는 최악의 대화 방식이다. 경험과 학식이 많은 멘토라도 멘티의 상황이나 현실은 다양하다. 따라서 유능한 멘토라도 예측이 언제나 맞는다고 확신할 수 없다. 고심하여 결정한 최선의 판단이라고 해도 멘티에게 일방적으로 제시하는 식은 의도는 좋지만 좋은 결과로 이어진다는 보장을 할 수 없다. 멘토는 항상 멘티의 수용 능력을 고려하여 이해와 설득을 통해 결과를 유출해 내는 쌍방향의 소통이 필요하다.

■ 빈정대는 대화

　간혹 자기 주장이 강하거나 이해력이 부족한 멘티들과의 멘토링에서 자극이 필요하다고 판단해 빈정대거나 놀리는 말투를 사용하는 경우가 있는데, 이는 매우 위험한 것이다. 아무리 긍정적인 목적이라 해도 냉소적이거나 빈정대는 말투는 말의 내용보다는 그 태도와 느낌 때문에 멘티에게 상처를 주기 때문에 멘토링의 최후 수단이라고 판단될지언정 한 번 더 생각하고 최대한 부작용이 없도록 주의를 기울여 진행한다.

■ 자기주장만하는 대화

　일방적 대화와 유사하지만 차이점은 충분한 상호작용이라는 부분에서 차이가 있다. 충분한 대화를 진행하는 것 같지만 결론을 정해놓고 멘토링을 진행하므로 결과에 도달하기 위한 다양성 고려사항을 소홀히 하게 되고 멘티의 생각과 창의성을 고려하지 않게 된다. 특히 이런 대화에서는 자기주장이 맞는다는 확신이 지나쳐 질문에 대해 제대로 파악하지 못한 채 동문서답의 대화가 될 가능성이 크다.

■ 상대의 말을 가로채는 대화

　대화에서 상대가 말을 하는 도중에 끊는 경우가 있다. 멘토링 시간이 부족하고 말하는 사람이 같은 말을 반복하는 경우 아주 조심스럽게 말을 차단할 수 있겠으나 이 또한 기분이 상하기 쉬운 태도로 대화에서 되도록 하지 말아야 할 행동이다. 가능한 멘티의 말을 중간에 끊는 일이 발생하시 않도록 주의해야 할 것이다. 간혹 멘티의 사고가 지나치게 단순하고 고려할 부분에 대한 이해가 부족하다고 느끼더라도 말을 중단시키는 일은 피하고 피치 못할 때에는 매우 조심해야 한다.

■ 함부로 단정 짓거나 넘겨짚는 대화

많은 사람들을 상대하다보면 몇 마디 대화로 상대방의 생각이 무엇이며 앞으로 어떤 이야기들이 나올 것인지 예측할 수 있게 된다. 이렇게 상대가 충분히 말을 하지 않아도 의중을 잘 파악하는 상대방에게 좋은 멘토링을 진행했다고 하자. 그 멘토링은 성공적인 것일까? 그렇지 않다. 충분히 자신의 의견을 피력할 기회를 주지 않은 채 진행되는 멘토링은 결과의 성패를 떠나 그 자체로 문제가 된다. 해당 사안을 잘 해결하게 되었다고 해도 그 멘토링에서 멘티는 부정적인 마음을 갖게 되거나 의욕을 상실하여 추가 대화에 대해 문을 닫는 원인이 된다. 자기의 말을 잘 듣고 알아줘서 고마운 것보다 자신이 말을 하기도 전에 결론이 나온다는 생각에 위축되어 대화의 문을 닫는 상황이 발생한다.

■ 비교하는 대화

남과의 비교는 사람을 가장 화나게 하는 것이다. 기분 나쁜 정도를 넘어서 자칫 인격 모독으로 받아들일 수 있다. 당연히 이런 대화는 거의 없겠지만 특정 사안에 대해 강조하거나 더 잘 이해시키기 위해 사용될 수 있는 만큼 주의를 기울여야 한다. 특히 가치를 판단하는 내용의 비교는 상대와 선전 포고처럼 받아들여질 수도 있다. 비교가 꼭 필요한 경우 그것이 멘티의 인격이나 개인적인 부분에 관한 것이 되지 않도록 주의한다.

■ 어려운 대화

멘토링에서 멘토의 유능함이나 전문성을 드러내려는 목적으로 대화를 하다보면 멘티가 알아듣지 못하는 어렵고 지루한 대화가 되기 쉽다. 굳이 전문적이고 어려운 단어로 얘기해야 하는 경우가 아니라면 어려운 단어의 사용은 자제하고 전문적인 내용이지만 듣기에는 매우 평범하고 쉬운 대화가 되도록 멘티의 눈높이에 맞추어야 한다.

(2) 긍정적 대화
■ 끝까지 들어주는 대화

멘티들은 자신의 질문에 대한 연습이나 기법을 배우지 않았으며 할 얘기가 무척 많아서 정리된 대화를 하지 못하는 경우가 대부분이다. 자신이 가진 많은 생각과 궁금증, 염려 등을 생각나는 대로 말을 하기 때문에 논리적이고 간결한 대화를 나누기 어렵다. 그럼에도 불구하고 멘토는 멘티의 말을 끝까지 들어주어야 한다. 같은 말을 반복하거나 논점에서 벗어난 말을 할 때 상황에 따라서는 조심스런 주의환기와 차단은 필요하지만 되도록 끝까지 들어주어야 한다. 대화의 기본이 말을 하기보다 듣는 데서 출발하므로 일단 잘 듣는 데서 긍정적 대화가 시작된다.

■ 질문으로 대안을 찾자

멘토링에서 부족한 검토를 지적하는 경우에 "이렇게 하세요."라는 주입식 말투보다는 "이런 건 혹시 검토하셨나요?"라는 질문형의 대화가 필요하다. 이처럼 멘티가 검토하지 못한 부족한 부분을 채워주는 것이 바로 질문으로 대화하는 방법이다. 앞서 언급했던 "멘토링을 한마디로 정의하면 질문이다."라는 말이 바로 여기에 해당한다. 멘티의 실수에 대한 지적을 직접적으로 하기보다는 "이렇게 하는 건 어떨까요?"라는 질문으로 바꾸어 하면, 다른 대안이 있음을 부드럽게 알려주거나 멘티 스스로 인식을 전환할 수 있는 계기를 제공할 수 있다.

■ 긍정에 대한 칭찬

칭찬은 고래도 춤을 추게 한다는 말이 있다. 멘티의 판단이나 생각에는 잘못된 부분도 있고 잘된 부분도 있을 것이다. 이 중에서 잘못된 부분을 짚어 주어야 할 경우 어떻게 하는 것이 좋을까?

일단 전체가 다 잘못된 경우는 거의 없으므로 잘한 부분과 잘못한 부분에 대해 함께 언급하는 것이 좋다. 즉 잘된 부분을 크게 칭찬하고 잘못한 부분에 대해서는 일단 그럴 수도 있다는 식의 우호적인 말로 대화를 해야 한다. 이것은 눈치를 보거나 아첨을 하는 차원과는 다르다.

멘티의 긍정적인 면을 찾아내어 극대화할 수 있도록 돕는 것이 멘토링의 본질이기에 멘토링 과정에서 멘티의 긍정적인 부분을 찾아내는 것은 매우 중요한 일이다. 긍정적인 부분에 대한 칭찬은 크게 하고, 잘못한 부분에 대한 지적은 좀더 발전적인 방향으로 유도한다면 멘티의 만족도는 물론 멘토링의 질도 한층 높아질 것이다.

- 부드러운 대화 (미소, 시선, 표정)

웃는 얼굴에 침 못 뱉는다는 말이 있듯이 대화의 내용만큼 중요한 것이 대화의 분위기이다. 화기애애한 분위기가 조성된다면 대화의 진행은 물론 결과물도 더욱 좋을 것이기 때문이다. 멘토는 팔방미인이 되어야 하고 멘토링에서 유머감각은 매우 중요하다. 눈높이를 맞추는 역할과 함께 경직된 멘티에게 여유와 자신감을 갖게 하고 이로써 자신의 생각을 주저없이 전부 얘기하면 멘토링 과정에서 소통은 훨씬 원활해질 것이다.

- 환경 선정(공간 및 좌석 선택)

긍정적 대화를 위해서는 환경 조건도 중요하다. 멘토링의 장소, 앉는 좌석의 배치 등도 중요한 요소로 작용하므로 이에 대한 배려가 필요하다. 멘토링 대화에서는 기업경영이나 개인의 중요한 정보들이 언급될 수 있으므로 상황에 따라서는 비밀이 보장되는 공간이 필요할 수도 있다. 이와 함께 좌석의 배치도 최대한 배려해 편안하고 대등한 위치에서 대화가 이루어질 수 있도록 고려한다.

- 균형있는 대화와 호칭

멘토와 멘티는 평등한 관계이다. 하지만 멘티의 입장에서는 멘토를 선생님으로 오해하는 경우가 있어 말투(존댓말 여부)나 호칭에 대해서도 신경을 써야 한다. 일반적으로 멘티에 대해서 사장님, 대표님, 선생님, 어르신 등 최대한 높임말로 대화를 하는데, 이때 단지 호칭만 높이는 것은 의미가 없다. 호칭과 함께 대화의 전체적인 분위기에서 최대한 존중하는 것이 드러나야 한다.

우리나라는 '장유유서(長幼有序)'를 지키는 유교적 문화 때문에 나이가 호칭이나 대화의 분위기를 결정하는 데 중요한 역할을 하지만 멘토링에서는 기본적으로 평등한 관계 설정이 중요하다. 멘토와 멘티가 동등한 위치에서 멘토링이 진행되어야 하고 굳이 따지자면 객관적으로는 멘티가 멘토링의 주인공이 된다.

■ 경청한 내용의 확인

멘토링에서 잘못 이해한 대화는 신뢰문제로 이어지기 때문에 멘티의 얘기를 정확히 이해하고 있어야 한다. 그러기 위해서는 멘티의 얘기를 잘 듣고 중요한 부분을 정리한 후 되물어 보며 확인하는 과정이 필요하다. 멘티의 의도를 정확히 파악했다는 것을 질문을 통해 확인한 후에야 비로서 방향 제시가 가능할 것이다.

■ 주제에 맞는 대화 유도

멘토링에서 반드시 주제와 관련된 내용만 다루어야 하는 것은 아니다. 주제가 아닌 어떤 이야기도 자유롭게 오갈 수 있고, 특히 분위기 전환을 위해 가벼운 주제로 대화할 수 있다. 그러나 그 와중에도 항상 주제에 대한 인식을 놓쳐서는 안 된다. 보조적인 대화가 멘토링의 목적을 벗어날 만큼 지나치거나 주제와는 관련 없는 내용으로 흐르지 않도록 주의해야 한다.

기술적 멘토링, 빅데이터를 주제로 진행하는 멘토링에서 사물인터넷 센서의 활용에 대한 얘기로 주제를 옮길 경우 멘티의 만족도가 낮아지고 멘토링의 결과도 나타나지 않는다. 만일 해당 기술에 대한 자신의 경험이나 지식이 부족하면 이를 솔직히 인정하고 아는 만큼만 설명한 후 모자라는 부분은 관련 전문 멘토를 수배하여 합동 멘토링 또는 중계 맨토링으로 연결시키는 것이 바람직하다. 이렇게 함으로써 멘토링의 만족도와 신뢰가 높아질 수 있다.

멘토라고 해서 잘 모르는 부분도 어떻게든 해결하려는 무리한 시도는 절대로 하지 말아야 한다. 어설픈 멘토링은 많은 시간 연구한 멘티에게 멘토에 대한 불신을 갖는 치명타가 될 것이다.

(3) 신체 언어(Body Language)

이미 언급했듯이 대화에는 말 이외에도 여러 가지 의사전달 수단이 사용되며, 이러한 다양한 시그널들이 복합적으로 작용하여 대화의 결과가 도출된다. 말에 집중하면서도 눈빛, 음색, 제스처, 표정 등에서 상대방의 드러나지 않은 의도나 심리적 상태를 짐작하게 되는 것이다. 사람의 인지능력은 미세한 동작과 표정의 차이를 읽어낼 수 있어 어떤 경우에는 말보다 이러한 표현들이 더 비중이 커질 수 있다.

사람은 누구에게나 듣고 싶은 대로 듣고 보고 싶은 것을 보는 주관적 경향이 있다. 아무리 객관적이고 이성적인 사람이라도 정도의 차이가 있을 뿐 마찬가지이다. 멘토 역시 사람이므로 이러한 경향이 있다. 멘토는 스스로 이를 인식하고 있어야 한다. 멘티의 말뿐 아니라 신체를 통해 드러나는 다양한 표현들을 볼 수 있다면 더 만족스러운 멘토링을 할 수 있을 것이다.

또한 멘토 자신도 적절한 신체언어를 통해 더욱 신뢰감 있는 대화를 진행하고 멘티들이 끊임없이 멘토를 평가하고 분석한다는 사실을 인지할 필요가 있다. 때로 말보다 신체 언어가 더욱 중요함을 기억하고 효과적으로 활용한다면 더욱 밀도 있는 멘토링이 가능하다.

3. 질문 Question

질문은 동서고금을 통틀어 가장 우수한 교육법 중 하나로 알려져 있다. 소크라테스 역시 "산파술"이라는 문답법을 통해 가르치고 설득했으며, 유태인들은 스승과 제자가 서로 간에 끝없이 질문하는 과정을 통해 교육을 하는 것으로 유명하다. 이처럼 질문은 교육에서 절대적인 부분인 만큼 멘토링에서 이를 적절히 사용하기 위해서는 질문에 관한 기본적인 내용들을 알아볼 필요가 있다.

■ 궁금한 것을 알고 싶을 때 하는 질문

멘토링에서 멘티들은 상당히 많은 것에 대하여 멘토에게 질문하여 해답을 찾고 방향을 정하는 데 도움을 받는다. 또한 멘토들도 멘티의 기술과 경영 등에 관한 의견을 묻게 된다. 멘토링에서 보통 질문은 멘토와 멘티 모두 궁금한 사항에 대한 지식을 얻기 위한 것이므로 아는 대로 서로 답을 해주어야 하는데, 이때 모든 답이 정답은 아니라는 사실을 기억해야 한다. 따라서 질문이란 반드시 정답을 전제하지 않는다. 멘토링에서 질문은 자연스럽게 도출되는 상호 이해의 과정이라고 표현하는 것이 더 적절하다. 질문이 많을수록 활발한 멘토링이 이루어질 수 있다.

■ 분위기 전환에 사용하는 질문

멘토링이 과열되거나 반복되는 주제에 머물러 나아가지 못할 때 질문으로 분위기 전환의 계기를 삼을 수 있다. 멘토와 멘티의 의견 차이를 설명하는 과정이나 원하는 문제에 대한 답을 얻지 못한 경우, 같은 의견과 주장이 반복되면서 진전이 없을 경우 질문을 통하여 돌파구를 찾을 수 있다. 일례로 일상생활에서도 대화 중 엉뚱한 질문은 유도하지 않았어도 긴장을 풀어지게 하여 분위기를 반전시키거나 돌파구가 없는 상황에서 새로운 시각이나 방향을 바라볼 수 있는 계기가 된다.

■ 새로운 인지를 위한 질문

　간혹 멘티들이 한 방향으로만 일을 진행하며 모든 상황을 거기에 끼워 맞추는 수가 있는데, 이때 멘토가 다른 각도의 검토를 직접적으로 제공하면 자칫 거부감을 불러일으킬 수 있다. 그러한 거부감을 피하기 위해 에둘러서 제안하는 방법의 일환으로 질문을 사용할 수 있다. 즉 다른 각도의 방향 검토를 질문을 통해 제안하는 것이다.

　창업자의 기업 경영에서 하나의 해결이나 한 방향의 해답이란 없다. 다양한 경우의 수를 검토해야 하고, 특히 기술개발의 경우 새로운 기술에 대한 고려가 없이는 진부한 결과로 이어질 수 있다. 하지만 첨단 기술에 대한 검토가 선행되지 못하거나 아예 이를 인지하지 못한 멘티의 경우 기존의 기술 개발을 전면적으로 재개편해야 하는 큰 부담을 지게 된다. 이런 경우 일단 조심스런 질문으로 첨단 기술에 대한 설명과 적용 가능성을 언급하는 것이 매우 중요하다.

■ 잘못을 인식하여 바로잡도록 유도하는 질문

　엉뚱한 목표나 과정을 최선이라고 믿고 질주하는 멘티들에게 다급한 마음으로 직설적으로 말하는 것은 별로 효과적이지 못하다. 차라리 질문을 통하여 스스로 잘못된 방향인지 생각할 수 있는 기회를 주는 것이 좋다.

대부분의 멘티들이 많은 시간 연구하고 노력한 기술과 서비스를 가지고 스스로에게 최선의 방향이라고 결정한 상태에서 멘토링을 진행하므로 다른 경우의 수를 전혀 고려하지 않는 경향이 있다. 그런 상태의 멘티에게 다른 방법이나 기술에 대해 소개한다고 하면 일단 거부감을 가지고 반응하게 되므로 멘토링에서 다른 기술의 소개는 쉽지 않다.

이런 경우 직접적인 제시보다 조심스런 질문을 통하여 다른 방향을 고려해 보도록 유도하는 방법이 가장 무난하다.

4. 토론 Talking

멘토링에서의 대화는 기본적으로 토론 형식을 가질 수밖에 없다. 그렇다면 이때 피해야 할 것은 무엇일까? 전혀 없을 수는 없지만 토론이 길어질 경우 잠깐의 침묵이나 질문 등으로 분위기를 전환하거나 쉽게 조율이 되지 않는 문제들에 대해서는 '보류'할 필요가 있다.

멘토링에서의 대화는 멘토와 멘티 간의 상호 충분한 의사 표현이 전제되어야 한다는 점에서 토론이 기본이라고는 하지만 멘티와 멘토라는 특수한 관계로 인해 멘티의 질문과 요청에 멘토가 해답 또는 방향 제시를 해주게 된다. 토론이라는 좋은 대화 기법이 자칫 대립 양상이 될 수 있기에 결론이 나지 않는 상태에서 이런 대립적인 구도가 계속

되는 것은 절대적으로 피해야 하는 것이다.

대화에서 토론이 발생하는 경우는 대부분 멘티의 의견과 멘토의 의견이 다른 경우로서 어느 누구의 의견이 정답일 수 없는 상황에서 상호 간에 반복적인 자기 주장만 되풀이 하는 것을 조심해야 한다.

이런 점에서 멘토링에서의 토론은 일반적인 경우와 다르므로 다음 주의사항을 염두에 두도록 한다.

■ 주제에서 벗어나지 마라

모든 토론이 주제가 있지만 특히 멘토링 과정의 토론에서는 주제가 명확하다. 또한 토론의 주제가 바뀌는 경우도 드물다. 만일 토론 중에 주제가 바뀐다면 멘토링의 전체 과정에 대한 만족도가 낮아질 수밖에 없기에 되도록 벗어나지 않도록 주의하면서 토론을 진행한다.

■ 브레인스토밍

일정한 테마에 관하여 회의형식 안에서 구성원의 자유발언을 통한 무제한의 아이디어 제시로 가장 좋은 방법을 도출해낸다.

① 한 사람보다 다수인 쪽이 제시하는 아이디어가 많다.
② 아이디어 수가 많을수록 질적으로 우수한 아이디어가 나올 가능성도 높다.
③ 일반적으로 비판이 가해지지 않으면 아이디어는 더 많아진다.

브레인스토밍에서는 어떠한 내용의 발언이라도 제재나 비판을 해서는 안 되며, 자유분방하게 아이디어를 전개시키는 것이 중요하다.

■ 마인드맵

　마음속에 지도를 그리듯 줄거리를 이해하여 정리하는 방법으로 핵심 단어를 중심으로 거미줄처럼 사고가 파생되고 확장되어 가는 과정을 확인하고, 자신이 알고 있는 것을 동시에 검토하고 고려할 수 있는 일종의 시각화된 브레인스토밍 방법이다. 두뇌 활동이 주로 핵심 개념들을 상호 관련시키거나 통합하는 방식으로 이루어진다는 연구 결과를 바탕으로 시각적 사고 기법인 마인드 매핑(mind mapping)을 개발하였다.

■ PMI기법

　P^{lus} : 아이디어에 대한 좋은 점 이야기하기
　M^{inus} : 아이디어에 대한 나쁜 점 이야기하기
　$I^{nterest}$: 아이디어에 대해 흥미로운 점 이야기하기

　De Bono가 개발한 '인지사고프로그램' 속의 사고기법으로 어떤 아이디어나 제안을 다룰 때, 열린 마음으로 다루게 하기 위하여 의도적으로 사용하는 방법으로, 결정을 막으려는 것이 아니라 긍정적 측면, 부정적 측면, 재미있는 측면 등으로 대안의 모든 측면들을 고려해 본 다음 결정하게 하는 것이다. 이 기법은 어떤 모든 장면에 대한 시야를 넓혀 주며, 훈련의 대상은 어린이에서 성인까지, 그리고 지능이 낮은 사람에서 영재에 이르기까지 광범위하다.

5. 표정과 제스처

사람의 표정은 심성과의 연관성을 생각하지 않더라도 마음속의 생각이 표출되어 나타나게 마련인 만큼 대화에서 표정관리는 중요하다. 사람은 표정으로 감정을 읽어낼 수 있는 능력이 있고, 어떤 측면에서 표정은 말보다 더욱 많은 것을 보여주게 된다.

■ 침묵

영국의 비평가인 토머스 칼라일은 "말은 은이고 침묵은 금(Speech is silver, silence is gold)"이라고 하였다. 침묵은 어떠한 현란한 말보다 강력한 대화 기법이 될 수 있다. 다만, 잘못 사용하면 오해가 생기고 의도와는 전혀 다른 뜻으로 해석되기에 잘 사용해야 한다. 특히 대화 멘토링에서의 사용은 극히 제안되어 있어 가능한 최후 수단으로만 사용하는 것이 좋다.

■ 한숨

안도의 느낌을 표현할 때, 혹은 힘들거나 기운이 빠지는 상황에서 내쉬는 숨만으로 상황에 대한 느낌이나 의견을 피력할 수도 있다. 한숨에는 다양한 발성이 나올 수 있는데, 간혹 상대에 대한 경멸이나 비하의 뜻이 담긴 한숨도 있다.

멘토링에서 한숨의 상대는 절대적으로 멘토 본인이 되어야 하며 자신의 실수나 오류에서 주로 사용한다. 멘티의 말이나 행동에 한숨으로 반응하는 것은 결코 안 된다. 멘토링에서 한숨은 가능한 사용하지 말아야 하며 예민한 상황에서 다른 대화 기법이 불가능하다고 판단할 경우 침묵과 함께 마지막으로 시도해 볼 수는 있을 것이다. 침묵의 부작용은 그리 크지 않지만 한숨은 그 부작용이 매우 커서 심사숙고해야 한다.

■ 얼굴 표정

얼굴이라는 단어의 얼(魂)은 영혼이라는 뜻이며 굴(窟)은 통로라는 뜻이다. 즉 얼굴이란 '얼이 들어오고 나가는 굴(통로)'이다. 얼굴과 연관된 여러 표현들을 보면 '얼빠진 사람(얼이 빠진 사람), 얼간이(얼이 나간 사람), 어른(얼이 큰 사람), 어린이(얼이 크지 않은 사람), 어리석은 사람(얼이 썩은 사람) 등등 매우 다양하다.

이로 보건대 얼굴 표정은 다양한 대화를 진행할 수 있는 유용한 수단이 될 수 있다. 따라서 멘토링에서 얼굴 표정을 잘 관리할 필요가 있다. 수많은 대인 관계를 경험한 사람들은 상대의 얼굴 표정만으로도 참과 거짓을 어느 정도 판단하는데, 멘토링에서 멘티들은 조심스러움과 예민함을 안고 상담을 받으러 오기에 멘토의 얼굴 표정에서 많은 것을 알아내려고 한다.

얼굴의 모양새는 타고나지만 표정은 후천적 소산이다. 사람이 어느 정도 성장하면 얼굴 윤곽이 정립되어 변하지 않지만 표정은 그 사람의 다양한 경험이나 마음가짐, 교육이나 훈련 등을 통해 얼마든지 변화가 가능하다. 그래서 아주 오랜 시간이 흐른 후에 만난 사람의 경우 얼굴이 변하진 않았지만 전혀 다른 사람으로 보이는 경우를 경험한다. 어려운 생활에 찌든 사람의 경우는 그 고단함이 얼굴에 묻어나고, 여유로운 생활을 오랫동안 유지한 사람은 얼굴의 표정에서도 편안하고 안정된 느낌을 준다. 따라서 나이가 들수록 자기 얼굴에 대한 책임을 져야 한다는 말도 있는지 모르겠다. 멘토링에서 밝고 신뢰감을 주는 표정은 매우 큰 역할을 할 수 있으므로 멘토들은 자신이 평소 어떤 표정을 짓는지, 살펴보고 좀더 신뢰감 있고 편안한 표정을 가질 수 있도록 노력해야 한다.

■ 몸짓

표정이 얼굴로 하는 대화라면 몸짓은 몸으로 하는 대화라고 할 수 있겠다. 몸짓이라는 말은 신체의 동작이나 자세로 의사나 감정을 표현·전달하는 언어라고 정의된다. 예를 들어 말도 글도 통하지 않는 곳에서 의사소통을 해야 하는 경우 몸짓을 수단으로 삼는 것은 매우 자연스럽고 보편적인 행태이다. 그런 만큼 멘토링에서의 몸짓은 말이나 표정과 함께 대화의 한 방편이 될 수 있다.

긴장한 멘티들에게 편안한 분위기를 제공하기 위해서 다양한 몸짓을 포함한 대화를 시도하는 방안이 있다. 멘티의 대화에 박수를 친다든지 머리를 끄덕이는 것만으로도 공감과 집중력을 제공할 수 있다. 필자의 경험에 의하면 어색한 상황에서 "박수 한 번 칠까요?"라고 하면서 함께 박수를 치는 것만으로도 분위기가 전환되면서 상당히 화기애애한 대화가 진행된다.

그러나 이것 역시 지나치면 좋지 않다. 너무 많은 몸짓은 집중력을 흐트러뜨릴 수 있으므로 적당한 강약 조절이 중요하다.

6. 카운슬링

카운슬링은 멘토링과 약간 다른 기법이지만 멘토링 과정에서 카운슬링 기법을 활용하는 경우가 있어 반드시 알아야 한다. 카운슬링이란 전문 카운슬러가 의뢰인(클라이언트)과의 면담을 통해 그가 가진 고민, 불만, 고통 등을 극복하고 재기하도록 지원해 주는 것을 말한다.

카운슬링에서는 개인이 가진 능력이나 적성을 이해하고 고려하기보다는 기술이나 경영적 어려움 등의 고민이나 불만에 대해 함께 생각하고 그 해결을 돕는 데 초점이 맞추어져 있다. 이렇게 함으로써 진행하는 일에 보람을 느끼게 되고 정신적으로 강화된다.

설득과 카운슬링은 대화를 한다는 점에서는 유사하지만 그 본질은 전혀 다르다. 가장 큰 차이는 설득이 한 쪽의 주장이나 사고방식에 동의하도록 이끄는 것에 반해, 카운슬링은 상대방에게 가능한 많은 것을 이야기하도록 하고 카운슬러는 편견 없이 이를 듣는 입장을 취한다. 대부분의 경우 고민이나 문제를 털어 놓으면 어떤 한 가지 방안을 제시하고 설득하려 들어 고민이나 상처 입은 마음을 더욱 닫히게 만든다. 따라서 설득은 대화에서 자제할 기법이다.

카운슬링은 혼자서는 주체하기 힘든 여러 문제들을 어떻게 하면 바람직한 상태로 헤쳐갈 수 있는지 함께 생각하고 또 그 해결방법을 모색해 나가기에 인식이나 마음가짐, 행동의 개선으로 연결되고 무엇보다 긍지와 활력을 되찾을 수 있도록 지원하는 데 목적이 있다.

7. 협업 멘토링 Cooperation

 좋은 멘토링을 위해서 유능한 멘토가 되는 것도 중요하지만 사람에게는 능력의 한계가 있으므로 이때 필요한 것이 다양한 능력을 가진 여러 멘토들의 협업멘토링이다. 집중된 1:1 멘토링의 장점이 분명 많지만 멘티의 인원이 많을 경우 또는 멘티의 요구를 한 명의 멘토로는 해결하지 못하는 경우 여러 명의 멘토들이 멘티를 지도하는 협업의 필요성이 생기는데, 이런 협업 멘토링에서의 대화에 대해 알아보자.

 협업 멘토링에서는 참여 인원이 많은 관계로 같은 의견으로 멘토링이 진행되지 않고 여러 방향의 지도가 생길 수 있고, 무엇보다도 대립되는 분위기가 발생할 수 있어 말하는 순서와 분야를 어느 정도 나누어서 멘토링을 진행하는 것이 좋다.

■ 1멘토 vs N멘티

 멘토 한 명이 여러 명의 멘티를 상대로 멘토링을 진행하는 방식으로 이 상황에서의 대화는 한 명이 말을 하고 다른 사람들은 듣는 방식이다. 동시에 여러 명이 대화하는 방식이 아니므로 자신의 순서가 아니라면 다른 사람의 얘기를 듣고 순서를 기다려야 한다.

보통 순서를 정해서 골고루 대화가 가능하도록 하지만 자신의 순서가 아니면 듣고만 있어야 한다. 이런 와중에 한 사람이 얘기를 길게 하게 되면 멘토링의 분위기는 급속히 얼어붙게 된다.

필자도 아이디어 경진대회 등과 같이 많은 예비창업자를 모집하여 교육과 멘토링을 병행하는 멘토링에서 종종 이런 상황에 부딪힌 경험이 있다. 주어진 시간이 2시간 정도면 혼자 여러 명을 번갈아 가면서 멘토링을 진행하게 되는데, 자기 순서가 아닌 멘티들은 거의 대부분 집중을 하지 않고 스마트폰을 하거나 밖으로 나가버리는 사람들도 있다.

이렇게 분위기가 급격히 소란스러워지기 때문에 필자의 경우 다음과 같은 방법으로 멘토링을 진행한다. 먼저 참석한 모든 멘티들에게 전체적으로 5분 정도 강의를 하고 분위기에 따라 5~20분 정도 공통 관심사를 다룬 후에 이어서 일명 "돌려막기 멘토링"을 진행한다.

돌려막기 멘토링이란 한 명의 멘티에게 일정 시간 안에 자신의 아이디어 또는 기술을 설명하게 한 다음, 나머지 다른 멘티들에게 공격적으로 의견을 제시하라고 하는 것이다. 물론 시작하기 전에 충분한 설명과 더불어 의견 제시 과정에서 인격적 공격이 될 만한 발언은 자제하도록 주의를 주어야 하는데 결과적으로는 매우 효과적이었다.

특히 주어진 시간을 넘어서는 열기와 상호 질의응답 과정에서 매우 적극적이고 열정적인 분위기로 각자의 아이디어를 검토하는 기회가 되어 멘토 혼자 일방적으로 진행하는 경우보다는 훨씬 좋은 결과를 도출하는 "집단지성" 효과가 나타났다.

돌아가면서 내화를 하다 보니 새로운 시각에서 논의가 이루어지고 새로운 사람에게 자신의 아이디어를 어필할 수 있는 능력도 배가되었다. 무엇보다 여러 사람들에게서 자신의 아이디어에 대한 검증을 받으면서 단점을 알게 되고 시장 조사의 기능까지 할 수 있다는 점에서 매우 유익한 대화법이다. 이런 형식의 대화에서는 질문을 했던 사람 역시 자신의 아이디어에 대해 다른 사람의 질문이나 공격을 받을 수 있다는 점에서 서로 도움을 주고받는 관계가 형성되어 불만도 쌓이지 않는다.

■ N멘토 vs 1멘티

여러 명의 멘토들이 한 명의 멘티를 집중 지도하는 협업 멘토링에서의 대화 기법은 자칫 멘티에게 혼란스러움을 줄 수 있다. 멘티가 요구하는 멘토링 종류가 많든지, 아니면 기술 지도 같은 여러 분야 또는 깊이 있는 지도가 필요한 상황에서 적용되는 대화 기법이다.

멘티의 질문에 멘토들이 여러 가지로 해법을 제시하게 되면 멘티는 혼란스러워지고 멘토들 간에도 의견의 대립이나 논쟁이 발생할 수 있다. 그러므로 이 방식에서는 무엇보다 멘토들의 자제력과 이성적 사고가 요구된다. 한 멘토가 지도한 내용이 다른 멘토가 볼 때 위험하거나 문제 발생 소지가 있다고 판단되어도 편하게 이 부분을 지적할 수 없어 멘토링의 효과가 반감된다.

■ N 멘토 vs N 멘티

여러 명의 멘토와 여러 명의 멘티들의 멘토링은 사실상 불가능하다. 따라서 이 경우에는 자기 소개 정도의 초기 대화를 통하여 짝을 지은 다음 멘토링을 진행한다. 충분한 대화가 이루어졌다고 판단되면 다른 사람으로 옮겨가는 진행이므로, 철새처럼 옮겨 다니면서 질문을 요청하는 멘티가 주도권을 형성하는 멘토링 대화 기법이다.

인원이 많고 멘토와 멘티를 매칭해 주기 어려운 상황에서 우선 한 명과 대화하면서 원하는 해답을 줄 수 있는지 검토하고, 만족하지 못하면 다른 멘토를 찾아 대화하는 기법으로 수시로 이동을 하지만 빈익빈 부익부 현상이 나타난다. 인기가 많은 멘토에게 많은 멘티가 몰리기 때문에 대화의 흐름이 지역적으로 흘러서 소수만의 대화로 축소되는 현상이 발생한다. 이런 멘토링은 진행에 오랜 시간이 필요하지 않고 많은 인원들이 모인 상황에서 초기에 알아보는 시간을 가질 경우 사용하는 대화 기법이다.

05 START-UP MENTORING
활용 기관에 따른 멘토링

멘토라는 단어에 국한하지 않고 컨설턴트, 상담위원으로 확대하여 멘토링 제도에 유사한 기관의 활동 내역을 본다면 가장 눈에 뛰는 것이 중소기업청에서 운영하는 비즈니스 지원단이라고 볼 수 있다.

중기청 비즈니스 지원단은 각 지방청과 사무소, 그리고 창조경제혁신센터에 상근하는 인원으로 상담위원이라는 용어를 사용한다.

1. 중소기업청

(1) 비즈니스 지원단 상담위원/클리닉위원

중소기업청은 중소기업의 경영 애로를 해결해 주기 위해 비즈니스 지원단을 운영한다. 11개 지방중소기업청에 배치된 변호사, 관세사, 변리사, 경영·기술지도사 등의 전문가를 상담위원, 클리닉위원이라는 이름으로 운영하면서 방문하는 중소기업의 애로사항을 상담하는

역할을 한다.(2017 현재 1,300여 명 등록)

　주요 업무로는 기업의 경영상의 어려움에 관한 무료종합상담, 현장 클리닉 지원 대상 여부 확인 및 현장클리닉 추천, 현장클리닉 수행 등이다.

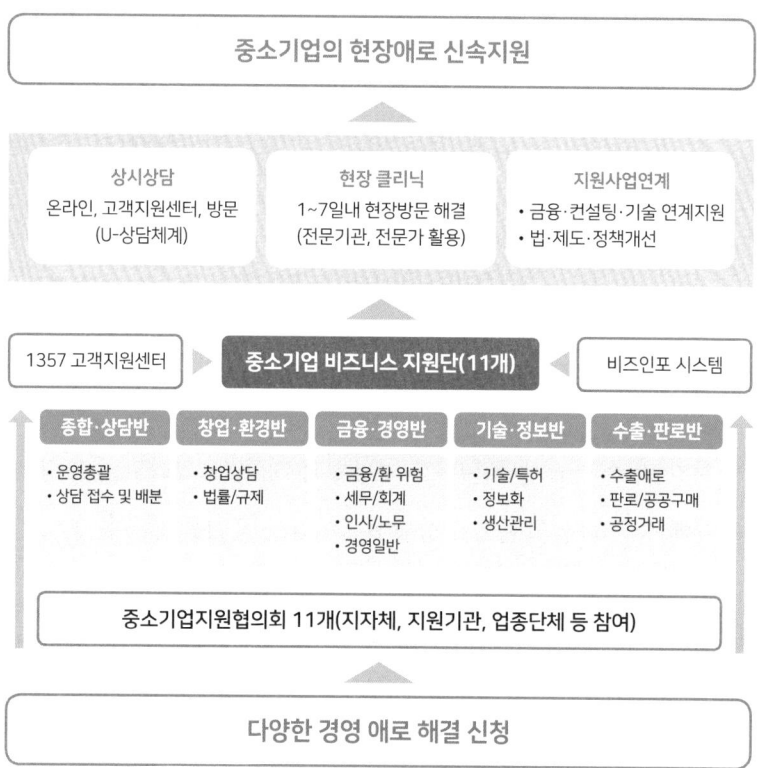

　비즈니스 지원단의 지원 분야에는 창업/벤처, 법무/규제, 금융/환위험관리, 인사/노무, 세무/회계, 경영전략, 기술/특허, 정보화/융합기술, 생산관리, 마케팅/수출입 등이 있다.

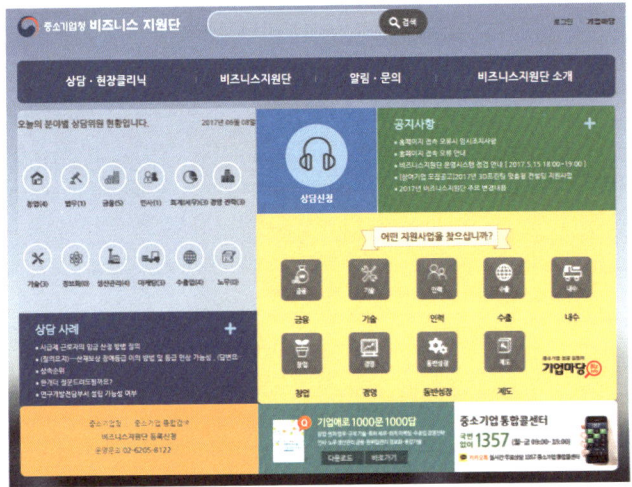

중기청 비즈니스지원단 홈페이지

(2) 중소기업정보화진흥원 컨설턴트

컨설팅 지원사업은 중소기업의 특성에 맞는 맞춤형 컨설팅을 지원하여 기업의 지속적 성장을 위한 근본체질 강화 및 글로벌 경쟁력 확보를 도모한다.

■ 지원조건

과제명	지원조건		
	정부지원금	지원비율	사업기간
경영·기술 컨설팅	업력 7년 이상 (최대 30백만 원)	과제규모에 따라 30~50%	최개 6개월/년 (2개월/년 추가연장 可, 1회)
	업력 7년 미만 (최대 20백만 원)	65%	
특화형 컨설팅	최대 10백만 원	정부 50%	
원스톱 창업지원	최대 5백만 원	정부 65%	

■ 컨설팅 지원 분야 및 내용

과제명	지원대상	컨설팅 내용
경영·기술 컨설팅	업력·업종 제한 없음	경영, 기술 전 분야 (경영전략, 인사조직, 마케팅/영업, 재무/회계, 고객만족, 글로벌경영전략(FTA), 생산혁신, 품질, 정보기술, 에너지/녹색경영, R&D, 사업전환 등)
특화형 컨설팅	업력 7년 이내 기업	新서비스업분야, 미래성장산업, 창조경제혁신센터 추천업체
원스톱 창업지원	예비창업자 재창업자 업력 7년 이내	공장설립(변경) 승인 등 *단, 제조시설 설치, 공장증설의 경우 2백만 원 지원

(3) 소상공인 시장진흥공단 컨설턴트

소상공인 컨설팅은 소상공인의 경영능력 등의 강화를 위해 전문 인력을 활용한 컨설팅 지원으로 안정적 영업기반 확보 및 성공적인 업종전환을 지원한다.

■ 지원 내용

- 일반컨설팅 : 분야별 전문가가 사업장을 방문하여 마케팅, 고객서비스, 프랜차이즈, 경영진단 등 경영 애로 개선과 상품 및 메뉴 개발 등 기술전수 지원

- 역량 Jump-up 프로그램 : 경영 위기에 처한 소상공인을 대상으로 위기진단 및 컨설팅 지원 후 연계지원(신제품·브랜드 개발 등 최대 400만 원)을 통한 경영환경 개선

- 컨설팅 방법 : 전문가가 사업체를 찾아가는 "맞춤형 컨설팅" 시행

- 컨설팅 일수 : 1일 4시간 이상, 2~5일 지원(위기진단 2일)

- 국비지원 : 일반소상공인 90%, 영세소상공인 또는 위기진단 신청자 100%

- 지원횟수 : 동일 소상공인에게 연간 1회 지원(위기진단 포함 시 2회까지 가능)

구분	지원내용	지원대상	지원조건	비용
일반 컨설팅	• 경영 애로 소상공인에 대한 영업환경 개선 및 매출 증대를 위한 컨설팅 지원 • 업종별 전문가들의 노하우를 컨설팅으로 전수	• 소상공인(업종전환자 포함) • 소기업 및 소상공인 지원을 위한 특별조치법 제2조에 따름	• 연 1회만 지원 • 1회에 2~5일 중 선택 • 1일 4시간 이상 지원 자부담금 : 25천 원/1일 * 연 4,600만 원 미만 소상공인은 무료	컨설턴트 비용: 250천 원/1일
위기진단컨설팅 (역량 Jump-up 프로그램)	컨설팅 권고안에 대한 인재지원	• 일반컨설팅 수혜업체 중 전년 대비 매출액 30% 이상 감소 또는 2년 이상 매출액 연속 감소한 소상공인	• 연 1회만 지원 • 협약기간 2개월 • 연계지원 선정 시 최대 400만 원 지원 * 부가가치세 및 정부지원금의 10%는 본인 부담	

2. K-ICT창업멘토링센터

"멘토의 경험과 멘티의 열정이 만나는 곳"

K-ICT 창업멘토링센터는 ICT 창업자들의 창업-성장-발전 단계에서 느끼는 다양한 애로사항에 대하여, 10~20년간 벤처 ICT 분야에서 사업해왔던 경험을 가진 선배 멘토들과 함께 문제를 해결해 나가며, 보다 나은 방안을 모색해보는 공간이다.

멘토링센터 벤처 1·2·3세대를 활용한 청년기업가 및 대학 창업 동아리에 대한 기업가정신 함양 및 창업 활성화 선도, 청년기업가 및 대학 창업 동아리의 기술, 경영 자문 역할을 하는 전문 지원기관, 창업 기반활성화를 위한 실전창업교육 및 멘토링 서비스를 제공한다.

K-ICT창업멘토링센터 홈페이지

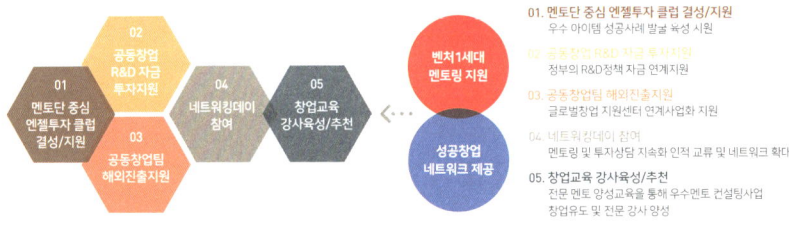

멘토링 네트워크

ICT(정보통신기술), 과학기술 분야의 창업초기/재도전기업 및 대학창업동아리

멘토링 멘티 조건

3. 창조경제타운 온라인 멘토링

창조경제타운은 국민의 아이디어를 발전시켜 사업화를 도와주는 아이디어 사업화 플랫폼이다. 국민의 다양한 아이디어를 모으고 Collecting, 온라인 멘토링 서비스를 제공하며 Mentoring, 사업화를 위한 지원사업을 연계해 Connecting 준다. 지원사업은 다음과 같다.

- 선행기술조사 지원 : 사업화 수행 전 사업기획 단계에서 선행 문헌을 조사하는 서비스이다. 주로 특허를 중심으로 선행기술을 조사

함으로써 제안자가 기존에 나와 있는 특허를 회피해 시행착오 없이 지식재산권을 획득하고, 이를 잘 활용할 수 있도록 돕고 있다.

- IP(지식재산권)화 지원 : 아이디어의 구체화를 돕고, 특허 출원을 위한 출원서 작성. 제출 대리 비용(변리사 비용)을 지원한다.(단, 특허출원 및 등록비용은 본인 부담)

- 시제품 제작 지원 : 구체화된 아이디어에 대해 디자인 목업(mock-up), 워킹 목업 등 시제품 제작을 지원함으로써, 제품의 성능과 기능성을 미리 검증할 수 있도록 돕는 서비스이다.

- 마케팅 지원 : 제품이 사용자에게 잘 노출되어 홍보 및 판매 효과를 극대화할 수 있도록 다양한 마케팅 방법(온라인 마케팅, 블로그 마케팅 등)을 교육 및 지원한다.

- 공공 R&D 연계 지원 : 타운 추천 아이디어를 우대하는 여러 공공 R&D 사업에 아이디어를 연계·추천해 기술개발자금을 획득할 수 있도록 돕고, 이를 통해 사업화에 성공할 수 있도록 지원한다.

- 투자 연계 지원 : 사업화 준비가 무르익은 성숙 아이디어에 대해 엔젤, 벤처, 크라우드 펀딩 등을 유치할 수 있도록 투자자 대상 발표기회 등을 제공한다.

- 기술가치 평가 : 특허청과 연계해 기술 이전을 위한 기술가치평가, 기술거래상담 등을 지원한다.

- 타당성 평가 : 기술적, 시장적, 경제적 사업 타당성 분석을 통해 사업의 추진 방향에 대한 조언을 제공한다.

- 기술 이전 연계 : 특허청 IP마트와 연계해 권리화된 아이디어에 대한 기술 이전을 지원한다.

- 사업계획서 작성 지원 : 기술적 차별성, 시장 니즈와의 부합성 등을 잘 표현할 수 있는 사업계획서 작성을 지원한다.

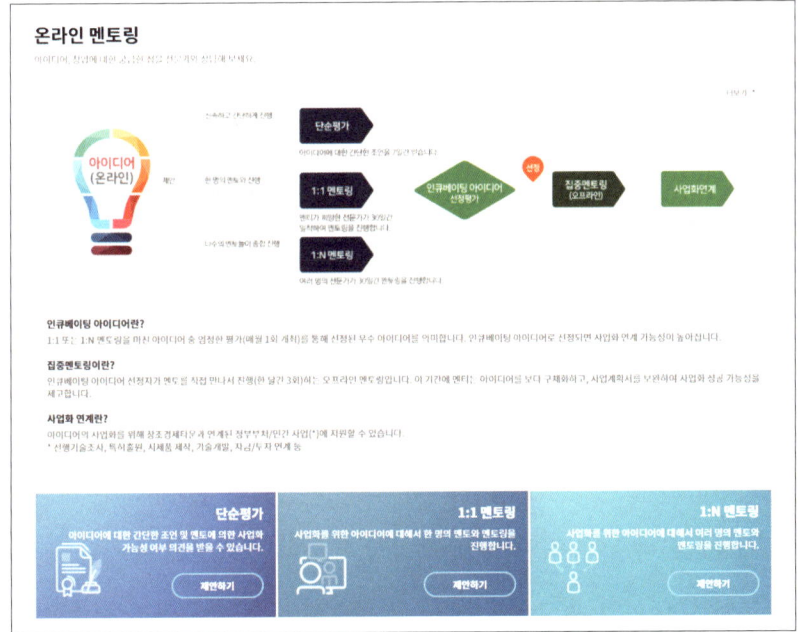

창조경제타운 온라인 멘토링

06 START-UP MENTORING
멘토링 목표의 발전 방향

멘토링은 멘티가 목표한 바를 만족시키는 끊임없는 노력을 상호 경주하여 목표를 달성하는 과정이라고 볼 수 있다.

여기서 멘티의 만족도 및 목표에 대한 잣대는 획일적일 수 없기에 정성적·정량적 평가에서 멘티의 목표를 규정하려 한다. 보통의 경우 멘티의 목표에 대한 만족도는 성과를 통한 정량적인 부분보다는 스스로 성취감을 느끼는 정성적인 부분에서 더욱 크게 규정되는 것을 고려할 때 멘토링 과정에서 멘티의 만족도 평가가 매우 중요함을 알 수 있다.

멘토링에서 멘토의 만족도는 한 번의 멘토링에서 큰 감동을 주기보다는 원하는 정보제공을 통한 작은 감동들이 여러 번 이어지는 것이 더 효과적이다. 지속적인 정보 수집을 통하여 멘티에게 유익한 정보 또는 신청 대상이 되는 경진대회, 정책과제 공고를 수시로 제공하는 것이 필요하다. 멘티들은 자신들에게 해당되는 과제 공고를 제공받는 것만으로도 매우 고마워하며 사업계획서 작성 등에서 연속적인 멘토링을 요청하게 된다.

이처럼 유익한 정보나 과제 공고를 받아 만족스러운 상황에서는 멘토에 대한 신임을 유지하면서 지속적으로 연락을 취하게 되는데, 이런 관계가 설정되면 다소 부족한 멘토링을 진행한다 해도 멘토에 대한 신뢰와 존중이 유지된다.

1. 정성적인 목표 달성

(1) 멘티의 만족도 높이기

멘토가 멘토링에서 바라는 목표가 있다면 그것은 멘티가 도움이 되었다며 진심 어린 고마움을 표시하는 인사일 것이다. 흔히 차별 없이 대한다는 의미로 "열 손가락 깨물어 안 아픈 손가락이 없다."는 말을 한다. 그러나 실은 어느 손가락이든 깨물면 아프긴 하지만 그 아픔의 정도는 다를 수 있다. 멘토와 멘티들의 만남도 마찬가지이다. 멘티로서는 여러 멘토를 만나고 그들 모두 최선을 다하겠지만 그 중에서 더 만족하고 고마운 상대가 있을 것이다.

또한 많은 대화나 특별한 정보 제공이 없었더라도 만족도가 높을 수 있는데, 그 경우 인간적 공감대 형성이 중요한 부분을 차지한다. 여기에는 마음의 동조라는 무형의 판단이 작용한 것이다. 멘티의 만족도를 높이기 위하여 다양한 기술과 방법을 사용할 수 있겠지만, 인간적 공감대를 형성하고 마음의 동조를 얻기 위한 방안에 대해 알아보자.

■ 멘티에게 유익한 정보를 꾸준히 제공하라

멘티들은 항상 바쁘다. 바쁜 와중에 당연히 할 수 있는 업무를 잊고 넘어가는 경우가 상당히 많다. 한 번 업무 일정을 놓치면 불안감이 심해지고 이것이 몇 번 반복되면 스스로 포기하는 마음을 갖게 된다. 따라서 멘티가 해야 하는 경영, 노무, 회계, 연구개발, 정책과제 등에 관한 유익한 정보를 시의적절하게 제공하면 그 만족도는 커질 수밖에 없다.

최근 들어 정부의 정책과제를 통한 기술개발기업이 상당히 늘고 있어 정책과제 신청을 희망하지만, 언제 공고가 나고 접수날짜는 어떻게 되는지 알 수 없는 멘토들이 많다. 그런 멘티들에게 이런 정보를 때에 맞춰 제공해 준다면 그것만으로도 상당한 고마움과 만족을 느낀다.

■ 먼저 연락하라

멘티의 입장에서 멘토에게 먼저 전화를 하기는 어렵다. 어색함이나 불편함 때문에 연락을 하고 싶어도 못하는 경우가 많다는 사실을 멘토들은 기억해야 한다. 멘토가 먼저 진행 사항을 묻는 전화라도 해준다면 멘티들은 자신을 기억해 준 멘토에게 신뢰와 감동을 느끼게 된다.

수시로 멘티의 진행 상황을 파악하고 도움이 되는 정보를 제공하는 전화를 할 필요가 있다. 이것만으로도 멘티에게 감동을 주기에 충분하다.

■ 멘토링 과정의 내용을 기억하라

멘토 입장에서는 멘토링을 해야 하는 많은 멘티들이 있으므로 각 멘티마다 상황을 요약·정리하여 수시로 확인해보는 습관이 필요하다. 멘티에게 전화가 오는 경우 그의 현재 상황을 파악한 정보를 가지고 대화를 한다면 만족도는 높아질 수밖에 없을 것이다.

(2) 앞서는 정보 제공으로 Before Service

전통 산업에서는 "노하우"가 최고의 자산이었다. 그러나 정보화시대에는 "노웨어" 즉 어느 곳이든 정보가 널려 있기에 결국 정보의 습득이 중요한 문제가 된다. 아이디어 또는 기술에 대한 최신 정보를 진행 중인 사업에 제공하여 개선이 된다면 멘티의 만족도는 높아진다.

일반적으로 멘티가 멘토보다 나이가 적은 편이므로 인터넷 정보 검색은 멘토보다 잘하겠지만 실전 경험을 통한 정보 또는 멘토링을 통하여 습득한 정보 중에 유익한 정보가 많기 때문에 멘티들에게 전달해 준다면 효과도 좋고 만족도도 높다.

(3) 멘티의 주체성과 의지력 강화

창업자들 중에는 창업만으로도 이미 사업이 시작되었다고 생각하는 경우도 있고 창업 과정에서 생각한 바의 일부만 좌절되어도 사업 자체에 회의를 품는 비관적인 경우도 있다.

창업자들의 이런 다양한 성향을 고려하지 않고 창업의 길 외에 다른 것은 없는 것처럼 멘토링하여 무리하게 끝까지 진행하도록 유도해서는 절대 안 될 것이다. 지속성과 포기는 동전의 양면처럼 공존하므로 멘토가 일방적으로 결정해 주기 어렵다.

결과론을 얘기하는 사람들도 많다. 멘티에게 용기를 북돋우고 많은 지도를 통하여 사업의 성공을 얻었을 경우 멘토가 지원한 사업의 연속성을 추억으로 칭찬이 가능하다. 하지만 최선의 노력에도 불구하고 사업 실패라는 결과가 나왔다면 멘티는 멘토링 자체에 문제가 있었다고 생각할 것이다.

진정한 도움은 필요한 것을 주는 것이 아니라 스스로 필요한 것이 무엇인지 알아내고 그것을 구현하는 능력을 갖도록 하는 것이다.

2. 정량적인 목표 달성

(1) 멘티의 목표 달성

멘티가 생각하는 성공의 정량적 기준은 무엇일까? 매출액 100억 도달, 영업이익 1억 달성, 코스닥 입성, 적자에서 흑자로의 전환 등 각자 수많은 기준을 가질 수 있다. 이처럼 멘티마다 성공 또는 목표의 기준은 다르겠지만 확실한 것은 대부분의 창업자가 자신이 원하는 목표에 달성하기 어렵다는 사실이다.

필자는 늘 멘티의 성공은 "컨트롤이 가능한 상태로 살아남는 것"이라고 말한다. 감당하기 어려운 적자가 아니고 제어하지 못하는 직원관리, 남에게 의지하는 기술 또는 제품 등의 피동적이고 불안한 사업 상황이 아닌 창업자 스스로 통제가 가능한 상황이라면 당장은 적자일지라도 그것은 실패가 아니다. 감당할 수 있는 상황에서 신기술 준비 등의 가능성을 볼 수 있는 기업이라면 그것은 성공이 아닐까?

창업자의 1%만이 성공한다는 말에서 보듯이 많은 기업들이 창업 직후에 사라진다는 통계에 안타까움을 가질 수밖에 없는 현실이다. "희망은 가지되 망상은 버리라"는 명언은 항상 좋은 상황만 생각할 수밖에 없는 초기 창업자에게 자신감과 망상을 구별하도록 성찰을 요구한다. 긍정과 부정은 어떤 상황에서든 존재하므로 양쪽을 동시에 바라보고 현실적으로 조율하여 실현 가능한 목표를 설정하고 달성을 위한 구체적 노력을 해야 한다.

(2) 정책과제 지원을 통한 과제 선정

스타트업은 기성 제품을 단순 유통하지 않기에 시제품에 대한 연구개발은 필수이며, 이를 자기 자본으로 부담하기에 불가능한 경우가 많으므로 정책자금을 활용할 필요가 있다. 정책자금의 성격이 보조금 형태여서 일부 기술료를 배제하면 갚지 않아도 되는 지원금이다.

따라서 최종 목표까지는 아닐지라도 정책자금에 선정되는 것을 1차 목표로 하여 필사의 노력을 경주한다. 왜냐하면 정책자금 선정은 자금에 대한 도움이라는 측면도 크지만, 한편으로는 신청 과제에 대한 평가위원의 평가를 통해 시장에서의 사업성을 검증하는 방편으로 활용할 수 있기 때문이다.

따라서 정책과제를 신청하는 기업의 수는 계속 증가하고 있으며 그만큼 선정되기 어려워지는 상황이기에 최근 멘토링에서 정책과제 선정을 위한 상담 요청이 급증하고 있다. 많은 기업이 정책과제 선정을 위한 컨설팅과 자문을 받고 신청하는 기업이 늘어나면서 변별력이 부족한 상황에서 멘토링을 통한 과제 선정이 멘티 기업에게는 만족도가 상당히 높아지는 항목이 된다.

정책과제 선정에서 신청 기업의 평균이 상향되면서 평가위원회에서의 평가는 사실 탈락자를 뽑기 위한 과정이라고 할 수 있으므로 멘토링을 통하여 '탈락자'가 되지 않도록 잘 준비해야 한다.

(3) 투자 달성

창업자의 외부 투자는 기업이 한 단계 도약하는 기틀이 될 수 있기에 많은 기업들이 투자 유치를 위한 노력을 경주하고 있다. 일부 홍보에 의하면 적자가 발생해도 기술력과 제품이 우수하면 투자는 받을 수 있다고 하지만 현실에서 그런 경우는 거의 없다. 따라서 투자 유치를 위해 매출 가능성과 사업성을 보여줄 필요가 있다.

투자를 받기 위해 갖추어야 할 기본적 조건을 멘토링 과정에서 다루기에는 한계가 있다. 투자 유치에 대한 성과는 시간이 필요하고 노력이 아닌 결과로 보여줘야 한다. 그럼에도 대부분의 멘티들은 멘토링을 통하여 어떠한 결과가 나올 수 있다고 믿기 때문에 멘토와 멘티 간의 이러한 인식의 차이가 문제가 될 수 있다.

필자의 경우 이런 문제 때문에 현실에 대한 멘티들의 인식에 도움을 주고자 투자설명회나 모의투자대회 등에 참석하는 것을 적극 권장하고 있다. 멘토링에서 투자유치 대응방안에 대한 설명과 준비사항을 설명하는 것보다 투자자들 앞에서 직접 발표하고 날카로운 질문을 받으면서 현실을 느끼는 것이 더욱 효과적이기 때문이다.

투자자 입장에서도 기업을 선정하면서 다양한 기준을 준비하겠지만 특히 시대 흐름에 맞는 업종과 아이템을 규정하는 기획 투자가 많은 편이다. 이러한 기획 투자에 맞는 기업을 찾는 것이 쉽지 않아 다양한 경로를 통하여 기업을 조사하게 되는데, 이런 기회를 활용해보는 것도 좋은 방법이다.

필자가 투자 유치에 성공시킨 사례 가운데 신문기사를 활용한 것이 있다. 먼저 해당 기업의 우수한 기술력과 제품을 홍보하기 위하여 신문기자에게 기사 요청을 하고 신문에 기사화되도록 하였다. 이 기사 덕분에 당시 바이오산업에 기획 투자를 정하고 기업을 찾던 투자회사와 접촉이 이루어졌다. 초기 투자를 10억으로 예상하여 협상하던 중 자본금이 5천만 원이므로 대표자 주식 부족으로 인한 경영권 조율이 발생하였는데 결국 5억으로 줄여 투자를 받았다. 이는 홍보성 기사를 잘 이용하여 투자 유치에 성공한 사례로서 당시 멘티 기업의 멘토링 만족도가 상당히 높았다.

(4) 제품의 양산화 지원

연구개발 제품이 출시될 때까지의 과정은 수많은 도움을 필요로 하는데, 특히 ICT 융합제품의 경우 실제 제품 제작의 경험이 없는 멘토일 경우 지도하기 어렵다. 이런 경우 멘티에게 시제품을 거쳐 완성시키는 멘토링이 만족도를 높일 수 있다.

ICT 융합제품의 경우 제품 설계, 보드 제작, 시제품 등 많은 단계에서 외주처리를 하게 되는데, 외주 금액의 차이가 심한 편이다. 보드 제작 또는 금형의 외주업체 역시 견적 가격이 상당히 차이가 난다. 이러한 차이는 외주를 요청하는 보드, 금형의 복잡도에서 발생하는데, 때문에 가능한 여러 기업에 견적을 요청해서 많이 검토하는 것이 중요하다.

최근 들어 중국에 외주 요청하는 경우가 많아지고 있는데, 가격은 저렴할지 모르지만 제품의 기술 확보에서는 바람직하지 못한 방법이다. 정부에서 창작소와 시제품 제작소 등을 지원하는 기관이 있으므로 이를 통하여 제작하는 방법을 고려해볼 수 있다.

이처럼 멘토가 실전 경험이 없을 경우에는 부지런히 관련 자료를 찾고 공부를 해서 방법을 모색할 필요가 있다.

(5) 지원 사업의 활용 지원

우리나라의 최근 취업 시장은 최악의 상황으로 취업의 문이 좁은 만큼 예비창업자가 많아지고 정부에서도 다양한 지원제도를 강구하고 있다. 그러나 거의 대부분의 예비창업자들이 이런 지원제도에 대한 정보가 없고 활용하는 방법도 알지 못한다.

창업지원제도는 정책과제의 출연자금 지원에서부터 기업경영의 다양한 분야에 걸쳐 있으므로, 멘토는 가능한 이를 모두 파악하고 자신의 멘티에게 꼭 필요한 제도를 안내하여 혜택을 보도록 돕는 것이 중요하다.

인력 채용을 지원하는 채용장려금제도는 보편적으로 고용보험 사이트에서 지원한다. 그러나 산업자원부 소속 고경력과학기술인 지원센터의 고급기술자 지원사업에서도 청년채용인턴제를 운영하고 있고 미래창조부의 ICT인력 대학연계 지원사업 등으로 창업자의 직원 고용에 지원하는 프로그램이 있다. 멘토는 이러한 내용을 잘 안내하여 멘티가 혜택을 볼 수 있도록 하고, 기업 인증을 지원하는 해외규격인증 또는 제품인증도 활용하도록 한다.

3. 스펙으로서의 목표 달성

(1) 창업을 통한 경험

사실 자신만의 아이템을 연구하고 제품화한 후에 창업을 위한 여러 절차를 진행하는 과정은 설사 사업이 성공하지 못한다 해도 여러 방면에서 아주 좋은 스펙이 된다.

창업을 통하여 사업의 실체를 경험한 사람들은 실제적인 어려움을 몸소 겪으면서 직장 생활에서는 얻을 수 없는 다양한 경험과 지식을 갖게 되며 무엇보다 열정과 인내를 배우게 된다. 직장인 중에 창업을 경험해본 사람이 그렇지 않은 사람보다 일의 능률이나 끈기 면에서 월

등하다는 통계에서 나타나듯 최근 기업들은 채용 시에 창업을 경험한 사람을 더 선호하는 추세이다. 자신감과 책임감을 가지고 사업을 진행하면서 얻는 다양한 경험은 그 결과의 성패를 떠나 큰 자산이 된다.

(2) 취업을 위한 스펙

경기의 둔화와 산업 전반에 걸친 자동화로 취업의 문이 점점 좁아지는 것은 세계적 추세이다. 기업 입장에서도 신입직원 채용에서 기준을 잡기가 상당히 어려운 상황이다. 온갖 자격증과 다양한 스펙을 살펴보지만 성실성, 효율성, 창의성을 가진 인재를 분별하기란 쉽지 않다.

그런데 창업 경험자의 경우 고용주의 입장을 알고 기업의 전반적인 상황에 대한 이해와 경영적 마인드를 갖추고 있어 기업 입장에서는 호감을 갖게 된다. 창업 경험이 취업에서도 중요한 스펙이 되는 것이다.

창업멘토링을 담당하는 멘토는 큰 꿈을 가지고 사업을 시작려는 창업자 멘티들에게 목표한 바, 사업의 성공에 이를 수 있도록 최선의 멘토링을 제공해야 한다. 그러나 어떤 최선의 노력도 반드시 성공이라는 결과를 도출한다는 보장은 될 수 없다. 이것이 현실이다.

하지만 결과에 대한 보장이 없다고 하여 과정이 모두 무의미해지는 것은 아니라는 사실을 늘 상기해야 한다.

충실한 과정은 그 자체로서 하나의 결실이 된다. 다시 창업에 도전하지 않더라도 다른 상황에서 아주 멋진 스펙으로 활용할 수 있도록 최선을 다해야 한다.

2부

멘티가 바라보는
멘토링

01
멘토에겐 뭔가
특별한 것이 있다

멘토의 자격은 무엇인가? 대부분의 멘티는 멘토를 '무엇이든 해결해 주는 사람', 즉 해결사로 인식한다. 하지만 멘토들이 생각하는 멘토는 '무엇이든 알고 있는 만능인이 아니라 부족한 점도 많은 사람'이다.

멘토라는 명함을 제시한 사람에게 (예비)창업자들은 큰 기대를 갖는다. 자신이 고민하는 상황을 멘토가 해결해 주리라 믿으며, 멘토에게 절대적으로 의지하는 것이다. 멘토가 자신의 모든 어려움을 해결해 주리라는 확신이 있다. 이런 긍정적 생각은 분명 장점이 있다. 멘토가 하는 말에 경청할 준비가 되어 있어 멘토링에 상당히 도움이 된다. 하지만 그만큼 만족도의 기준이 높기 때문에 단단한 준비가 필요하다. 멘티의 '만족도를 높이는 방법'으로는 다음 세 가지가 있다.

1. 질문은 하되 해결책은 제시하지 않는다

멘티의 이야기를 듣고 질문의 핵심을 파악한 뒤 스스로는 어떻게 했으면 좋겠는지 반대로 질문한다. 멘티가 답하면 칭찬과 다른 질문으로 반응하고, 멘토링을 마친다. 절대 질문에 대한 결정을 멘토가 내리지 않는다. 멘티의 결정에 다양한 방향성을 제시할 뿐, 결정은 멘티 스스로 내리도록 한다.

2. 멘티의 상황을 파악하면서 잘 듣고 기록한다

멘티의 상황을 염두에 두고 질문의 핵심을 찾는다. 핵심을 파악한 후 바로 해결할 수 없는 상황에 대한 어설픈 설명은 필요 없다. 이해한 부분을 말하고, 부족한 점을 알려주겠다고 하면서 다음 멘토링으로 전환한다. 여기서 가장 중요한 점은 멘티가 하는 질문의 요지를 정확히 파악하는 것이다. 엉뚱하게 해석하면 멘토로서의 자격을 의심받는 안 좋은 결과를 초래한다.

3. 평소 축적된 정보를 활용한다

멘티의 질문에 대비한 여러 자료들을 틈틈이 수집해 두는 게 좋다.

멘디가 요청하는 질문과 연관된 자료 또는 유사 정보를 제공하면 멘티의 만족도를 높일 수 있다. 그런 다음 질문에 대한 후속 지원까지 약속하면, 멘티는 자신이 원하는 답변을 당장은 받지 못했지만 확장된 정보를 얻은 데 만족하고 이어지는 멘토링을 기대하게 될 것이다. 이러한 기대심리는 멘토링의 만족도를 유지하는 데 큰 도움이 된다.

병원을 찾는 환자들은 의사의 문진에 사소한 증상까지 상세히 설명한다. 이야기를 많이 할수록 병을 치유하는 데 도움이 되리라 믿기 때문이다. 이 믿음은 의사를 향한 절대적 믿음에 근거한다. 멘티가 멘토에게 갖는 '절대적'이고 '특별한' 믿음이 계속 지속되기는 어렵겠지만, '특별함을 유지하는 총알'은 꼭 필요하다.

멘토링을 진행할 때 멘티와의 상담 횟수에는 유효기간이 있다. 일정 기간이 지나면 멘토에게 도움을 줄 수 있는 내용은 바닥날 것이다. 그런 상황에서도 멘토에 대한 신망이 두터우면, 더 이상 조언을 들을 수 없음에도 불구하고, 자신의 고민을 들어주는 것만으로도 멘토에게 만족한다.

멘토의 조언은 정답이 아니다. 하지만 대다수의 멘티는 멘토의 말이 정답이라고 철썩같이 믿는 경향이 있다. 다음 에피소드를 한번 살펴보자. 나에게 멘토링을 받았던 창업자 두 명이 로라 네트워크에 대한 의견 차이로 대립 중이었다. 모두 쉽게 자기주장을 굽히지 않았다. 급기야 두 사람은 자신의 주장이 맞다는 증명 단계에까지 이르렀다. 한 명이 자기주장의 근거는 멘토인 나에게서 들은 것이라고 말했다. 그러자 신기하게도 다른 한 명이 멋쩍게 웃으면서 자기가 오해를 했다고 상대의 말에 바로 수긍하였다. 그들의 주장은 각각 이야기하는 게 달랐을 뿐이지 틀린 것은 아니었다. 그럼에도 멘토의 설명이라면 무조건 옳다고 믿는 그들의 태도에 나는 내심 무척 깜짝 놀랐다. 이후로 조심해서 정확한 조언을 해야 겠다고 생각했고, 모르는 것은 모른다고 말할 용기를 내야겠다고 다짐하는 계기가 되었다.

02 START-UP MENTORING
멘토를 바라보는
기대심리, 신비주의

멘티가 바라보는 멘토는 어떤 모습일까? 멘토의 정보를 정확히 알 수 있는 방법은 딱히 없다. 자격증이 있는 것도 아니고, 이력이 공개되지도 않는다. 현재로서는 멘토라는 명함에서 풍기는 느낌만으로 판단할 뿐이다.

요즘은 멘토링이 보편화되어 멘토에 대한 거리감도 많이 줄었다고 하지만 아직까지 멘티가 생각하는 멘토는 분명히 자신들과는 다른 사람이다. 멘토의 알 수 없는 이력이 '신비로움'과 '기대심리'를 한껏 부풀려 놓는다.

일부 멘티들은 이미 멘토링에 대해 잘 알고 있는 경우도 있다. 그런 멘티들은 경험을 바탕으로 멘토링 초기에 바로 멘토에 대해 판단하고 멘토링 결과를 속단하기도 한다. 그러나 보편적인 멘티들은 멘토에 대한 신비주의나 기대심리가 강하여 멘토링에 지나친 환상을 갖는다.

멘토의 입장에서는 이런 신비주의를 계속 유지하는 것이 좋을지 아니면 현실적인 모습을 보여주는 것이 좋을지 고민할 수밖에 없다. 멘티에 따라 달라질 수 있지만 신비주의로 바라보는 멘티에게 굳이 현실적인 모습을 공개할 필요는 없다.

　다음 사례를 보자. 기존 멘티에게 다른 멘티를 소개받아 셋이서 멘토링을 진행한 적이 있다. 소개받은 멘티는 한 기술 분야를 깊이 연구한 예비창업자로서 자신이 보유한 기술을 융합기술로 발전시키는 데 고민이 있었다.
　우선 멘티에게 기술적 바탕과 진행사항을 물었다. 예비창업자는 내가 자신의 문제를 해결해주리라 믿는 듯 조심스럽게 자신의 기술을 소개했다. 전문적인 주제라 잘 알지 못하는 내용이었다. 멘티의 설명을 듣고 조금이나마 이해할 수 있었지만, 멘토링을 진행할 만한 수준은 아니었다.
　설명을 다 듣고 나서, "경쟁 기술에 대한 검토는 했느냐?"라고 질문했다. 곧바로 능숙한 설명이 이어졌고, 다시 "본 기술을 상용 제품에 적용하려면 몇 가지 검토가 있어야 하지 않느냐?"라고 물었다. 그는 잠시 머뭇거리더니 자기도 그것 때문에 많은 고민을 했고, 여러 방법을 시험 중인데 각각 장단점이 있어 적용에 어려움이 있다고 했다. "그럼 두 가지 방법을 각자 적용하여 테스트 베드에서 실험한 후 검토하는 건 어떻겠느냐?"라고 제안했고, 계속해서 멘티가 연구 중인 기술에 대해 설명하면, 내가 질문하는 패턴으로 멘토링이 진행됐다.

　멘토링이 끝난 후 나는 멘티에게 전문적으로 도움을 주지 못했다는 생각으로 멘티는 물론 소개해준 사람에게도 미안한 마음이 들었다. 그런데 얼마 뒤, 뜻밖에도 나의 예상과는 전혀 다른 소식을 듣게 되었다. 그 예비창업자는 기존 멘티에게 나를 최고의 기술을 가진 전문가라 치켜세우고, 그동안 고민하던 문제들을 내 멘토링을 통해 해결했다며, 고맙다는 말을 꼭 전해달라고 한 것이다. 나는 혼란에 빠졌다. 멘토링은 일반적인 질문을 던지는 수준이었는데, 최고의 멘토링이 되었다는 평가에 멍할 수밖에 없었다. 좀처럼 이해하기 어려운 상황에 기존 멘티에게 자세히 물었다. 대답인즉, "옆에서 듣기에도 멘토 님은 기술에 대해 아주 잘 알고 계시던데요? 정말 훌륭한 멘토링 시간이었어요."였다.

몇 번을 고민하고 분석한 결과, 위 사례의 성공비결은 '신비주의'였다는 걸 알게 되었다. 이미 그들의 마음속에 나는 전문가로 각인되어 있었고, 그 믿음은 신비주의를 최고조로 올려놓았던 것이다. 한 가지 덧붙이자면, 그는 설명을 들으면서 고개를 끄덕였던 내 행동을, 내가 전문가로서 자신의 설명에 틀린 부분이 없다는 것을 증명해준 것으로 오해한(?) 것이다. 내가 잘 몰라서 던졌던 질문들이 오히려 그에게 자신을 시험하는 날카로운 질문이 되었나보다.

그는 내가 경쟁사의 기술까지 모두 알고 있는 전문가라고 착각했다. 그런 오해의 절정은 엉뚱한 곳에서 도출되었다. 전문가인 나에게(엄밀히 말하면, 전문가로 착각한 나에게) 기술에 관한 자신의 주장이 틀렸다는 말을 듣지 않으려 조심스럽게 다양한 각도로 설명하면서, 그동안 검토하지 않았던 다른 방향성과 해결책이 나왔다는 것이다.

더욱 재미있는 것은 내가 질문했던 테스트 베드 관련 내용에 관해 내가 해결책을 알고 있었음에도, 일부러 얘기해 주지 않고 멘티 스스로 깨우치도록 도왔다고 믿는 것이었다. 정말 믿지 못할 상황 아닌가? 멘토링에서 멘토의 고개 끄덕임 하나까지도 중요하다는 것을 깨닫는 순간이었다.

최고의 멘토링이란 굳이 많은 말을 하지 않아도 된다. 멘티는 이미 정답을 알고 있다. 그저 자신이 결정한 사항을 멘토링을 통해 증명받고 싶은 심리인 것이다. 멘토의 가장 큰 무기는 '신비주의'다. 멘티들의 특성을 알고 신비주의를 잘 이용하면 성공적인 멘토링을 이끌어 낼 수 있다.

03 START-UP MENTORING
멘티의 침묵

멘티는 한 명의 멘토에게 만족하지 않는다. 설사 자신의 니즈를 만족시켜 준 멘토가 있더라도, 어딘가 있을 또 다른 멘토를 찾아 새로운 지도나 안내를 받고 싶어 한다. 때문에 멘토링에 임하는 멘토라면 자신감은 갖되, 자신이 최고라는 자만심은 거둬두자.

멘토링을 진행하다 보면, 멘티가 멘토의 말에 수긍하지 못하고 불만을 갖게 되는 상황도 접하게 될 것이다. 불만을 표현하는 방법은 다양한데, 가장 무서운 것이 '침묵'이다. 침묵에도 종류가 있다. '미소를 머금고 침묵하는 경우', '고개를 숙이고 웃음기 없이 침묵하는 경우', '바라보면서 침묵하는 경우'다. 이 중 웃지 않고 바라보면서 침묵하는 경우가 최악이다. 이때는 어떠한 말도 필요없다. 후일을 기약하며 가능한 빨리 멘토링을 종료한다.

침묵의 종류	멘티의 만족도	차기 멘토링 가능성
웃으면서 침묵	만족스럽지 않은 멘토링	차기 멘토링 가능성 있음
고개 숙이고 침묵	반대 의견이지만 참는 상황	차기 멘토링 관심 없음
바라보면서 침묵	멘토링에 화가 난 상황	멘토링에 부정적인 상황

침묵의 종류

멘티의 침묵은 멘토링에 대한 불만 또는 멘토와의 대립에서 시작된다. 멘토링을 지속할지 여부를 판가름하는 단서가 되므로 신호를 잘 알아차려야 한다. 멘토링에서 멘토와 멘티의 의견 대립은 자연스러운 현상이다. 대립 과정을 잘 풀어가는 것 또한 멘토의 역할이자 능력이다.

멘토와의 대립 중 멘티가 불만을 느껴 침묵하게 되면 다음 멘토링은 기약할 수 없다. 침묵을 잘 풀어내는 것도 중요하지만, 그보다 침묵을 미연에 방지하는 것이 더욱 중요하다. 멘티가 공감할 수 있는 상황을 만들고, 조언자로서의 역할만 해주면 성공적인 멘토링을 기대할 수 있을 것이다.

멘토는
해결사인가

　　　　　　　　　　　경험이 많은 멘티는 멘토와의 관계가 자연스럽다. 하지만 멘토링을 처음 접한 멘티들은 멘토를 만능해결사로 믿고 많은 기대를 한다. 멘토가 제시한 방법이 좋은 결과를 가져오면 그를 더욱 신뢰하며 높이 평가하지만, 그 제시가 잘못된 결과를 낳게 되면 모든 원인을 멘토의 잘못으로 돌린다.

　한 사례를 보자. 이제 막 창업을 한 멘티가 멘토링에 참여했다. 멘티는 멘토의 말에 의지하며 그의 지시에 충실히 따랐다. 그 결과, 기관에서 진행하는 창업자 선정교육과 사업비 지원사업 부문에서 우수한 성적으로 선정되었다. 멘티는 멘토를 더욱 신뢰하게 되었고 계속해서 그의 의견을 청취하였다. 멘티의 질문은 내부 경영과 기술개발 부분 등 회사 전반에 걸쳐 확대되었고, 멘토는 팀의 일원처럼 회사에서 없어서는 안 될 중요한 존재가 되었다.

　하지만 멘토가 결정한 일이 모두 성공적일 수는 없다. 내부 팀원 간의 의견 대립 상황에서 멘토의 의견만 수용되자, 팀원들의 불만이 커졌고 사업을 진행하면서 다소 불만족스런 결과들이 나왔다. 결국 초반의 좋은 결과는 잊혀지고, 멘토는 팀원 간 분열을 일으킨 원인 제공자로 전락했다.

가장 이상적인 멘토는 멘티에게 절대적인 해결사로 인식되기보다는, 그들이 꾸준히 찾는 멘토가 되는 것이다. 간혹 나에게 최고라는 찬사를 보내오는 멘티들이 있다. 그럴 때면 "말씀은 감사하지만 누구에게나 하는 그런 립서비스를 듣고 좋아하는 멍청이는 아닙니다."라고 하면서 웃음으로 마무리한다.

어떤 멘토도 멘티가 하는 질문이나 요구를 모두 해결해 줄 수는 없다. 단지 여러 방향에서 새로운 접근을 할 수 있도록 도와주고, 각 방향의 장단점을 통하여 멘티가 결정하기 쉽도록 도와줄 뿐이다.

05 START-UP MENTORING
찔러보는 멘토링

멘티는 여러 멘토의 의견을 듣고 싶어 한다. 멘토에 따라 다양한 멘토링을 받을 수 있고, 이는 자신의 결정에 도움이 된다고 생각한다. 어떤 경우 멘토는 멘티의 질문과 상담 내용을 전혀 이해하지 못할 수도 있다. 멘토의 전공과 경험이 멘티의 요구사항과는 전혀 무관할 수 있기 때문이다. 멘티의 요구와 거리가 먼 핵심 없는 설명만을 늘어놓는 강압식 멘토링으로 흐르지 않게 주의한다.

멘티들은 자신의 질문에 방향을 제시하고 답을 찾아줄 멘토를 찾는다. 멘티들은 대화를 통해 멘토가 자신이 원하는 답을 해주고 있는지 파악하며, 만족하지 못하면 또 다른 멘토를 찾게 된다. 이 같은 결과는 멘토들이 만든 것이다. 정확하지 않은 내용을 멘티에게 주입하면, 멘티들은 금방 그 답이 틀렸다는 사실을 알게 되고, 멘토를 불신한다. 따라서 가능한 한 확신 있고 정확한 내용만 멘티에게 전달해야 한다.

　일반적 주제의 멘토링은 인터넷이나 주변 창업자에게서 얼마든지 습득할 수 있다. 멘티가 멘토보다 더 많은 정보를 알고 있는 경우도 있을 수 있다. 이런 상황에서 멘토가 뻔한 얘기만 나열한다면 최악의 멘토링이 될 것이다. 이때는 누구나 예측 가능한 정보보다는 미처 생각지 못한 변수 또는 주의점을 멘티에게 처방하자. 멘티들은 미비한 변수에 대한 대처 방안을 원한다.

　(예비)창업자에게 정부의 지원정책이 필요하다고 생각되면, 멘티가 요구하기 전에 먼저 멘티의 상황에 맞는 정책과제를 제시하자. 멘티는 생각지도 않았던 정보에 매우 만족할 것이다. 이처럼 멘티가 원하는 방안을 제시하려면, 평소 부지런히 정보를 축적해 놓아야 한다. 많은 기관에 등록하여 메일링리스트로 받아보거나, 각 기관의 사이트를 찾

이다니면서 정보를 취합한 뒤 해당 정보를 필요한 멘티에게 정기적으로 전달하는 것도 한 방법이다. 멘티는 당신을 '정보맨'으로 인식하고 더욱 신뢰하게 될 것이다.

나의 경우 멘티에게 정보를 전달하는 방법으로 카카오톡의 단체 채팅방(일명, 단톡방)을 활용한다. 단톡방에 나와 연결된 멘티들을 초대한 뒤 정보를 공유한다. 이때 단톡방에는 오직 '정보글'만 올리는 걸 원칙으로 한다. 인사, 문안, 감사, 질문 등은 별도의 일대일 채팅으로 대화하도록 했다. 안부인사와 같은 일상대화가 오가기 시작하면 상호 대화를 해야 한다는 부담감 때문에 철저히 금했다. 누군가 실수로 규정을 어겨 채팅방을 없애고 다시 만든 적도 있다. 지금은 오로지 정보만을 공유하는 커뮤니티 공간으로 활성화되었다.

멘티들이 당신을 찾는 이유는, 당신이 최고여서가 아니다. 다양한 사람에게서 여러 이야기를 들어 보고 싶은 심리라고 생각해 두자. 그런 마음가짐으로 멘티들의 마음을 얻고 멘티들이 다시 찾는 멘토가 되도록 하자.

06 START-UP MENTORING
불신의 멘토링

멘토링 경험이 있는 멘티 중 부정적인 상황을 접해본 멘티라면 멘토링 자체를 불신할 수 있다. 불만의 정도가 큰 경우 주변 사람에게 멘토링 무용론(無用論)까지 주장한다.

중소기업청 비즈니스 지원단에서 근무할 때의 일이다. 한 예비창업자가 몹시 격앙된 상태로 센터를 방문하여 정부에서 지원하는 컨설팅, 즉 멘토에 대한 불만을 토로했다. 일단 차분히 그의 말을 들었다. 앞서 그는 여러 기관에 상담을 요청하였지만 모두 한결같이 대답을 회피했고, 다른 기관으로 떠넘기기식 대응으로 자신의 요구를 외면했다고 했다. 그의 말을 차분히 듣다 보니 불만족한 멘토링 문제를 해결하기 위함이 아니라, 화가 난 자신의 감정 전달이 목적이었다.

우선 나는 멘토링 기법 중 하나인 '침묵의 전략'을 썼다. 그에게 커피를 제공하고 흥분이 가라앉을 때까지 불만을 호소하도록 두었으며, 그의 말을 기록하면서 경청했다. 그가 하고픈 말을 다 쏟아내고 흥분이 어느 정도 가라앉은 걸 확인한 후에야 이런저런 일상적 대화로 분위기를 풀어갔고, 본격적으로 기술에 대한 이야기를 유도했다.

그는 특허받은 기술을 5개나 보유하고 있었으며, 자신의 사업에 대해 강한 자신감과 추진력을 보였다. 설명을 들어보니 아주 유익한 기술로 발전 가능성이 있다고 판단했다. 다만, 이전에는 멘토링을 받는 순서와 방식에서 문제가 있었던 것 같았다. 제도가 요구하는 조건과 다르기에 접근이 부자연스러워서 멘토링 대상에서 비켜간 것이었다.

나는 그가 생각의 방향을 바꾸고, 부정적인 면에서 긍정적인 요소를 찾을 수 있도록 유도함으로써 진정시키고 이해시켰다. 그렇게 발전적인 상담으로 불신에 찬 그의 마음을 돌이켰고 이후 계속 인연을 맺고 있다. 그때와 달라진 점이 있다면, 지금은 내가 그에게 도움을 받고 있다는 사실이다.

학생들의 실력을 판단하는 잣대는 여러 가지지만, 그중에서 가장 많이 사용하는 방법은 시험을 통해 점수로 등수를 매기는 것이다. 반면, 멘토들의 실력은 정성적인 잣대로 평가된다.

멘토링에 감정적으로 불만을 느낀 멘티의 마음을 돌이키란 쉽지 않다. 때문에 불만을 유발하는 패턴을 미리 인지해두는 것이 좋다. 지식이나 정보에 관한 불만은 언제든 보완할 수 있지만, 감정적인 불만은 돌이킬 수 없는 불신으로 이어진다는 걸 반드시 기억하자.

멘티의 감정적인 불만이 발생한 상황에서 이를 해소하기 위한 노력은 백약이 무효하다. 일단은 부족한 멘토임을 받아들이고 말을 아낀다. 한 번의 불신은 모든 멘토에 대한 부정적인 이미지와 나아가 멘토링 전체에 대한 불신으로 발전할 수 있음을 명심하자.

07 START-UP MENTORING
이미 답을
알고 있는 멘티

　　　　　　　　일반적으로 멘토링을 멘토에게 어떠한 결정을 요구하는 과정으로 생각하기 쉽지만, 실상은 다르다.

　멘토링 초기 멘티는 멘토에게 상의할 내용을 질문하면서, 자신이 도출한 결정을 조심스럽게 얘기한다. 그러다가 대화가 진행될수록 점차 자신의 생각이 옳다는 변호로 발전시키며 멘토의 확신을 유도한다. 이 때 자신의 생각에 대해 멘토로부터 부정적인 피드백을 받으면, 자신의 결정이 맞다고 대립하며 뜻을 굽히지 않는다.

　이처럼 대부분의 멘티는 이미 결정을 도출한 상태로 멘토링에 임하는 경우가 많다. 단지 멘토에게 자신의 결정이 틀리지 않았음을 확인받고 싶을 뿐이다.

　멘토링에서 결론에는 세 종류가 있다. 멘토가 내리는 결론, 멘토링 초기 멘티가 내리는 결론, 대화 도중 멘티가 내리는 결론이다. 이 분류에 따라 멘토링의 영향은 달라진다. 멘티와 멘토의 의견 대립 과정에서 생기는 모든 충돌은 경계의 대상이 되므로, 이에 따른 대비를 해두도록 하자.

결론의 종류	결론 도출 시기	멘토링의 영향
멘토의 결론	멘토가 결론 제기	결과에 대한 책임성
멘티의 초기 결론	자신의 결정을 방어	멘토링의 단축 필요
멘티의 대화 중 결론	의견대립 중에 도출됨	멘티가 바뀌지 않는 확신

결론의 종류에 따른 영향

　멘토링에서 결론의 도출과정은 꼭 필요하다. 여러 시각에서 다양한 의견을 충분히 고려하면서 내린 결론이 가장 좋다. 하지만 부정적인 의견에 방어적이고 무시하는 태도를 취하는 경우가 많이 발생한다.
　이런 상황은 '나이'와 연관되는데, 나이를 먹을수록 성공 경험이 많아짐에 따라 자신의 주장을 굽히지 않고, 다른 어떠한 얘기도 들으려 하지 않는 경향이 크기 때문이다. 이런 성격의 멘티들은 멘토에게서 다른 방향의 효율적인 의견을 듣는 것보다 자신의 결정에 호응해 주기를 희망하는 경우가 많다. 그렇기 때문에 멘티는 자신이 내린 결정이 옳다는 멘토의 대답을 기다린다. 만일 다른 의견을 제시한다면 논쟁을 통해서라도 자신의 결정이 맞다고 주장할 것이다.

　이런 경우 가장 현명한 방법은 멘토링을 빨리 종료하는 것이다. 멘토링 시간이 길어질수록 멘티와 대립할 가능성 또한 높아진다는 사실을 기억하자.
　이런 상황에서 나는 멘티에게 자기주장의 근거를 충분히 물어보면서 노트에 기록한다. 충분한 설명을 듣고 그런 결정을 하게 된 원인을 찾기 위해 패턴을 분석한다. 패턴을 찾기 어려울 때는 추가 질문을 통해서라도 원인을 찾고 멘토링을 진행한다.

고민을 거듭해도 풀리지 않던 문제가 어느날 갑자기 단숨에 해결되는 상황을 누구나 한 번쯤은 경험했을 것이다. 다른 사람에게 해답을 구하려고 설명하는 도중 스스로 해답을 얻게 되는 것이다. 오랜 시간 고민하던 문제를 풀어가던 기억이 남아 있듯이, 창업자의 여러 결정도 많은 고민 속에서 해답을 얻은 것이므로 확고한 신념이 있다. 이렇듯 자기신념이 확고한 멘티에게 다른 방향의 답을 유도하게 되면 오답을 강요하는 사람으로 기억될 수 있다.

다시 한 번 강조하지만, 멘티는 '자신의 결정이 정답'이라 믿고, '답을 알고 질문'한다. 멘티는 결코, 자신이 믿는 신념을 멘토가 건드리는 걸 바라지 않는다.

08 START-UP MENTORING
멘티에게 필요한 건
자만심보다 자신감

　　　　　　　창업을 준비하는 멘티들은 많은 시간을 자신의 기술 또는 제품에 할애하며 끊임없이 검토하고 분석한다. 하지만 "과하면 부족함만 못하다."라는 말은 여기에서도 적용된다. 처음에는 합리적으로 자신의 기술을 분석하겠지만, 시간이 흐르면서 객관성은 사라지고 자신의 기술이 해당 분야에서 최고라는 신념으로 변질된다. 특히 자신의 기술력을 이용한 제품을 출시만 하면 엄청난 수요가 있어 사회에 공헌하는 바가 크고 많은 수익을 창출할 것이라 믿는다.

　설령 멘토가 멘티의 실수를 방지하기 위해 다른 의견을 제안할 경우에도 방어 논리가 충분하다. 즉, 기술력이 진짜 최고라기보다는 그렇게 믿고 싶은 마음이 앞서면서 여타 다른 의견은 배제하고, 자기 신념에 대한 방어 논리만 남은 경우다.

　자신의 기술이 최고라고 믿는 멘티와의 멘토링 상황에서는 멘토의 대응자세가 중요하다. 먼저 멘티의 설명을 듣고 나서, 기술의 우수성은 인정하지만 생산단가가 높아 수익성이 낮을 우려가 있거나 기존 제품을 대체할 정도의 획기적 기술이나 제품이라고 보기에는 부족하다고 생각되면, 그에 대한 내용을 중점 보완할 수 있도록 대화를 유도한다. 기술 자체로는 우수하지만 제품화에 문제가 있는 경우에는 제품화 단계에서 발생하는 비용적인 부분이나 제조 단가를 통한 소비자가를 도출하여 기존 시장에서 기존 제품과의 경쟁 우위에 놓일 수 있도록 검토할 필요가 있다.

멘티의 주장이 잘못됐다고 일방적으로 지적하는 것이 아니라 제품화 단계에서의 절차나 어려움에 대해 스스로 판단하게 하는 과정이 필요하다. 이를 위해서는 즉시 판단하지 말고 절차나 과정에서 진행할 상황들에 대해 충분한 설명이 필요하다.(대개 기술의 우수성만 생각하고 시장 수요도가 높을 거란 예상만 할 뿐, 제품화 단계의 비용과 단가 상승으로 인한 경쟁력 저하는 예측하지 못한다.)

멘토의 판단	멘토링에서 진행할 과제	차기 멘토링
기술적 우수함	방어 특허 안내 및 제품 사업화 멘토링	지속적 진행
기술적 미비함	경쟁 기술과 사업화 단계에 대한 멘토링	경쟁기술 검토요청
제품화 부족	기술 우수성 인정과 제품화 절차 설명	경쟁제품 검토요청

멘티 주장 최고기술에 대한 대응

주로 연구개발 관련 멘토링을 진행할 때 위와 유사한 과정을 겪게 된다. 자신의 기술, 제품은 최고인데 평가위원의 자질이 부족하여 탈락했다고 확신한다. 지금껏 여러 멘토링에서 만난 멘티들의 기술이나 제품들은 모두 우수했다. 당연히 기존 기술이나 제품보다 우수하기에 제품화를 통한 사업을 진행하려 했을 것이다. 그러나 평가위원들은 우수한 수많은 기술, 제품들을 상대평가할 수밖에 없다. 현실적으로 최고로 우수한 기술을 선택한다기보다 탈락할 기술을 뽑는 것임을 기억해야 한다.

자부심은 필요하지만 자만심은 금물이다. 멘토링을 통해 최고의 기술로 완성될 수 있도록 멘티를 유도해야 한다. 멘토의 역할은 그저 돌덩이처럼 보이는 바위 속 숨은 보석을 끄집어내어 누구나 인정하는 빛나는 보석으로 만드는 과정인 것이다.

09
START-UP MENTORING

잘 하기보다
어떻게 할지 말하는
멘토링

　　　　　　　　　　　멘토가 하는 말 중에 멘티들이 가장 의아하게 생각하는 단어가 있다. '잘'이다. 멘티와 대화를 하면서 은연중에 '잘'이라는 단어를 자주 사용하지 않았는지 스스로 돌이켜 보아야 한다.

　멘티는 어려운 문제에 부딪혔을 때 해결의 실마리를 얻기 위해 멘토를 찾는다. 그 과정에서 문제의 발생원인에 대한 분석이 필요하지만, 멘티의 잘못을 부각하고 왜 그랬냐는 식으로 추궁하면서 결과론에 집중하는 방식의 멘토링은 지양해야 한다. 당면한 문제의 원인 추궁보다는 해결할 실마리를 함께 논의하는 자리가 되도록 대화를 이끈다.

　다양한 사업 경험이 있는 멘토의 시각에서 볼 때 일부 (예비)창업자는 많이 부족하고 어설프면서 자기주장만 고집하는 사람으로 비춰질 것이다. 물론 예비창업자 중에는 지식과 기술을 겸비하고, 준비가 잘 되어 있는 멘티들도 있다. 준비가 잘 된 멘티와의 멘토링은 상호보완되는 대화가 가능하기에 이런 경우는 멘토조차도 만족을 느낀다.

　때로는 멘티의 생각과 반대되는 의견을 피력해야 한다. 이렇게 반대 의견을 피력할 때는 유연한 멘토링 스킬이 필요하며, 멘토링의 만족도에 지대한 영향을 주므로 긴장해야 한다. 물론 멘토의 의견을 멘티가 잘 수용한다면 문제될 것이 없다. 멘티가 멘토의 의견을 수긍하지 못할 때 대립이 발생한다. 멘티와 대립하게 될 경우 방어적인 의견을 내세우면서 새로운 돌파구가 나타날 수도 있지만, 대부분은 좋은 결과를 가져오지 못한다.

대립을 해결하기 위해 주의할 것들이 있다. 먼저, 멘티에게 일방적인 강요식 설명은 안 된다. 멘티의 주장이 다소 부족하더라도 단점보다는 장점을 부각하며 멘티의 결정에 동조한다. 멘토가 자신의 말에 동조하는 걸 느낀 순간 멘티는 마음을 열게 된다. 멘토의 다소 부정적인 의견에도 크게 반응하지 않고 수긍하며 사고의 영역이 전환, 확장되면서 자연스레 문제점도 해결될 수 있다. 다시 말해, 자신의 의견을 말하기 전에는 상대방이 제시한 의견의 장점을 먼저 공감하고 이후에 조심스럽게 우려되는 부분을 전개해야 한다.

멘티의 입장	대립 상황	멘토의 입장
멘토를 신뢰하고 지속적인 멘토링 요청	상호 대화 가능	멘티의 질문 외 추가적인 다양한 정보 제공
멘토의 주장에 실천의지 부족하고 불신 우려	일방의 주장	멘티의 주장에 우려되는 부분의 설명과 검토 요청
멘토의 자질 문제 제기와 멘토링 거부 가능성	쌍방의 주장	고집을 부리는 멘티로 인식하고 부정적인 의견 제시

대립 상황에서 멘티와 멘티의 입장

어떠한 대화에서든 대립은 쉬우나 대립을 풀어가기란 쉽지 않다. 멘토링의 최종 목적은 멘티를 잘 지도하여 사업을 성공으로 이끄는 것이 아니다. 보다 중요한 것은 멘티가 멘토의 의견을 받아들이도록 하는 그 과정이다. 멘토의 방향 제시가 맞고 틀리고는 상관없다. 멘티가 멘토의 의견을 받아들일 수 있는 환경과 대화의 장을 만드는 것이 바로 멘토링이다.

대화를 나누고 있지만, 서로 주장하는 바가 달라 대립만 하다가 끝내는 의견이 좁혀지지 않은 채 상대의 잘못과 고집만 탓하며 끝나는 경우가 있다. 최악의 멘토링이다.

누구의 잘못일까? 나는 전적으로 멘토의 잘못이라고 단정한다. 멘티의 잘못이라고 말하는 멘토는, 멘토링 기법이 아니라 멘토링의 기본 개념부터 다시 배워야 한다.

정상적인 멘티라면 절대 멘토의 잘못을 말하지 않는다. 다소 자신의 기대에 못 미치는 멘토를 만났더라도 멘티는 좋은 면을 찾아 의지하고 고맙게 여긴다. 멘토가 자신의 물음에 제대로 된 답변을 주지 못했거나 자신보다 지식이 부족해도 멘티는 고맙다고 하고 어떠한 이유를 대서라도 감사를 표한다. 그런데 멘티가 멘토에 대해 부정적인 말을 했다면, 멘토는 멘티의 티끌을 바라보지 말고, 자신의 멘토링 진행과정을 다시 한 번 되짚어봐야 한다.

분류	멘토링 대립 내용	멘티의 만족도
의견 대립	멘토가 부정적인 문제를 잘 풀어감	대만족
멘토의 지식 부족	멘티의 의견을 들어줌	만족
멘토의 지식 풍부	멘토의 생각을 주입	불만족

멘티가 주장하는 최고 기술에 대한 대응

위 표에 정리하였듯 멘티는 지식이 부족한 멘토가 자신의 결정과 방향에 대하여 객관적인 입장에서 들어주고 호응만 해줘도 대부분 만족한다. 그런 멘티에게 멘토 자신의 생각을 강압적으로 주입하려 할 때 멘티의 불만은 커지게 된다.

　멘토링이 끝나고 멘티에게 다음과 같은 평가를 들었다면 그 멘토링은 실패했다고 본다. "멘토링에서 멘토에게 들은 말이라곤 '잘하라'는 소리뿐이었다." 물론 여기서 '잘'이라는 단어는 나쁜 뜻이 아니다. 그러나 멘티에게 '잘'이라는 말은 무책임한 소리로 들릴 뿐이다.

　예로 한 멘토가 멘티에게 "잘 연구하고, 잘 개발하고, 잘 홍보하여 잘 팔면 된다."고 말했다고 하자. 이런 조언은 누구나 할 수 있는 말로 핵심이 없다. 멘티들은 '잘'이라는 말 대신 구체적으로 '어떻게How' 하면 잘할 수 있을지를 함께 고민해주는 멘토를 원한다. 다시 말해 멘티는 결과론적인 말보다는 좋은 결과를 이끌어내기 위한 실제적인 방법을 멘티와 함께 모색하고 싶어 한다는 사실을 꼭 기억하자.

무용담만 늘어놓는 멘토

어떤 멘토는 멘토링 중 자신의 무용담을 수시로 이야기한다. 하지만 멘티는 멘토의 무용담이 궁금하지 않다. 물론 멘티에게 용기를 주고 설득에 필요한 경우 무용담을 이야기할 필요도 있겠지만, 주제와 상관없는 무용담을 자랑삼아 계속 늘어놓는 것은 금물이다. 한 번은 좋은 뜻으로 받아들일 수 있겠지만 여러 번 반복돼서는 안 된다.

친구 중 한 명이 사업을 시작하기에 앞서, 현대그룹 정주영 회장의 자서전을 읽고는 심취하여 자신도 쌀장사로 시작해 제2의 정주영이 되고 싶다고 했다. 오늘날은 정주영 회장이 사업을 하던 시대와 많이 다르다. 뿐만 아니라 개인의 자질 또한 다른 상황에서 과연 정주영 회장과 같은 절차를 밟는다 해서 성공할 수 있을까.

멘토링에서 굳이 자신의 사례를 이야기하고 싶다면, 성공담보다는 실패담이 더 낫다. 물론 성공담에도 어려운 상황을 슬기롭게 헤쳐갔던 과정이 있으며, 그런 과정이 지금의 멘티에게 도움이 될 수도 있다. 하지만 지금 멘티가 처한 상황과는 전혀 다르다고 생각한다. 멘토는 멘티에게 자신의 성공 스토리보다는 착오와 실패의 경험을 이야기하여 타산지석으로 삼도록 유도하는 것이 필요하다. 우리는 미래를 예측할 수 없다. 때문에 유사한 경우를 미리 참고하여, 실제 상황에 맞닥뜨렸을 때 당황하지 않고 실패할 확률을 낮출 수 있도록 노력해야 한다.

11

멘토의 **평가기준**

멘토링을 처음 경험한 멘티들은 대부분 멘토에 대한 만족도를 높이 평가한다. 대화를 통해 자신의 상황을 설명하고 상호 고민하는 과정 자체가 멘티에게는 큰 도움이 된다. 특히 예비창업자이거나 창업 초기에는 사업과 연구개발에 대한 경험이 부족하기 때문에 여러 궁금증을 상담해주는 멘토의 실력을 판단하기 어렵다. 객관적으로 다소 부족해도, 잘못을 대놓고 지적해도, 성의가 느껴지지 않아도, 말을 도중에 끊어도, 자신의 주장을 강요해도 멘토링이 원래 그런 것이라 생각하므로, 만족도는 당연히 높을 수밖에 없다. 스포츠 경기에 1번으로 출전한 선수의 처음 순위가 항상 1등인 것과 같은 맥락이다.

하지만 멘토링 경험이 쌓인 멘티들은 다르다. 이제 멘티들은 멘토들의 멘토링 방식을 자신에게 맞추면서 등급을 매기기 시작한다. 분야별 또는 상황별로 멘토의 등급을 구분하고 멘토의 실력을 판단한다. 자연스레 새로운 멘토를 찾고 만나면서 자신에게 필요한 멘토 그룹을 형성한다. 이렇게 멘토들의 등급이 형성되면 필요시 자신이 만든 등급을 보고, 적합하다고 판단하는 멘토를 찾게 된다.

멘토에 대한 수요가 증가하면서 멘토링 자격제도의 필요성은 더욱 높아지고 있다.

멘토의 등급은 크게 3가지로 나눌 수 있다. 멘티의 만족도, 분야별 분류, 경험별 분류다. 멘티의 평가는 정성적이고 지극히 개인적일 수 있지만 평가방식을 고민하여 정착할 필요가 있다. 모든 멘토링의 최종 목적은 '멘티의 성공'이다. 이 성공에 대한 잣대를 멘토의 성적으로 판단하는 제도하에서는 멘토가 점수 획득이 쉬운 멘티를 선별하여 멘토링을 진행할 우려가 있다.

따라서 멘티의 배정은 무작위로 받으면서 멘티의 만족도 평가를 진행한다. 멘티에게는 자신의 창업을 성공시키는 데 있어 멘토링이 어떤 도움이 되었는지 판단하게 하여 인정에 이끌린 멘토 평가 점수를 미연에 방지할 필요가 있다.

분류	등급에 따른 내용	기준
경험으로 분류	멘토링의 경험에 의한 분류	횟수, 일자 등
분야별 분류	업종별과 항목별로 자격 부여	필요자격 검토
멘티의 만족도	멘토링 후 멘티들의 만족도 평가	객관성 보장 필요

멘토의 등급 분류

멘토링이 직업적으로 확산되면서 정부에서는 연구개발 정책자금부터 마케팅, 수출까지 다양한 부문에 걸쳐 아낌없이 지원하고 있다. 멘토링 지원은 주로 기관을 통해 이루어지는데, 일반적으로 멘토의 인력 풀POOL을 구축하고 멘티의 신청을 받아 매칭시켜 준다. 이런 경우 기관에서는 멘토의 인력 풀을 확장한 후에 멘티의 만족도 평가를 실시하여 추가 배정에 적용해야 한다.

아이러니하게도 많은 멘토들이 기관의 인력 풀에 참여하고 싶어 하지만, 정작 기관들은 인력 풀 구축에 어려움을 호소하고 있다. 기관과 멘토를 연결해줄 고리가 부족하기 때문이다.

컨설턴트의 경우 중소기업청에서 기관을 지정하여 등급제와 함께 등급에 따른 비용을 산정하여 운영하고 있지만, 멘토의 경우는 여러 기관에서 각자 별개로 활용하고 있다. 따라서 멘토의 등급과 경력을 관리하는 통일된 기관의 설립과 운영이 더욱 절실한 상황이다.

선택 분류	선택에 따른 내용
멘토가 선택	멘티의 사업성과 아이템을 보고 선택
멘티가 선택	멘토의 경력을 보고 선택
기관에서 지정	멘티의 희망으로 관련 경험 멘토 지정

멘토링 선택 방법에 따른 분류

멘토들이 알아야 할 핵심은 멘티들은 멘토를 평가할 때 '상대평가'를 적용한다는 것이다. 이 평가에서 높은 점수를 받으려면 멘티의 만족도를 높이는 방안을 꾸준히 연구하고, 멘티의 사업이 성공할 수 있도록 도움을 주어야 한다. 인기영합주의가 아니라 실제로 도움이 되는 멘토링을 진행하여, 멘티가 판단하는 상대평가에서 우위에 있어야 좋은 점수를 받게 될 것이다.

만일 등급이 낮다면, 멘티에게서 문제를 찾을 게 아니라, 우선 자신을 돌아본다. 자신의 어떤 면에서 부족함을 느꼈을지 반추해보고 자신의 멘토링 방법을 재검토할 필요가 있다. 모든 답은 자신에게 있다. 다시 한 번 강조하지만, 멘토의 평가는 '상대평가'라는 걸 기억하자.

멘토링의
시간차 전략과 만족도

멘토링에도 시간차 전략이 필요하다. 시간차와 만족도의 상관관계가 분명히 존재하므로, 멘토링 주제에 따라 멘토링 간격을 다르게 조정한다. 예를 들어, '연구과제 사업계획서 작성'과 같은 경우에는 시간차를 짧게, '제품 구현을 위한 시제품 제작 과정'의 경우에는 시간차를 크게 한다. 이렇듯 멘토링 주제에 따라서 간격 차이를 두고 멘토링을 진행해야 만족도를 높일 수 있다.

멘토링 방법에는 '일회성 멘토링', '정기적인 멘토링', '기획 멘토링'이 있다. 일회성 멘토링은 주제가 하나여서 명확한 내용으로 멘토링이 진행되는데, 예로 '아이디어 경진대회'와 같은 단타 멘토링이 있다. 이 경우 보통 멘티는 추가 멘토링을 위해 후속 만남을 요구하는 경우가 많다.

정기적인 멘토링은 일정 시간을 두고 정기적인 만남을 가져야 하는 특징이 있다. 대상으로는 '예비 또는 창업 초기 대표자'가 적합하다. 멘토링에 앞서 멘토는 사전준비를 하는데, 이는 멘티에게도 필요한 과정이다. 일례로 한 연구개발 과정에서 블루투스 통신을 적용하려고 준비 중이었는데, 멘토링 과정에서 통신거리를 확보할 필요가 있다는 의견이 나와 상호 협의하에 LoRa 통신으로 변경했다고 하자. 이때 LoRa 통신에 대한 조사가 덜 된 상태에서 다음 멘토링을 맞이한다면 발전적인 멘토의 설명과 진행이 거북스럽고 지난 멘토링을 반복하는 수준으로 진행될 확률이 높다.

정기적인 멘토링의 간격이 항상 일정한 것은 아니며, 간격 조정 또한 자유롭지만, 멘토에게 한 명의 멘티만 지정되는 경우가 없기에 전체적인 일정 조율이 필요하다.

분류	적용 내용	멘티의 반응
일회성 멘토링	아이디어 경진대회 등의 단타 멘토링	후속 만남 요구
정기적 멘토링	예비 또는 창업 초기 대표자	지루함 경계
기획 멘토링	연구개발 사업계획서 등 하나의 주제	추가 멘토링 요구

멘토링 기법에 따른 주기

기획 멘토링의 경우 4~6번의 멘토링 횟수를 하나의 주제로 진행하는 것으로서 시간 조율과 멘토링 내용에 대한 주제 설정까지 멘티와 협의하여 진행하므로 만족도가 꽤 높은 편이다. 멘티에게 준비할 시간을 충분히 줄 수 있으며, 시간 조율도 자유로워 멘티에게 유익한 멘토링 방법이다. 보통 멘토링 기간을 2달 정도로 설정하고, 2달 안에 멘토와 나누고 싶은 주제를 선정하도록 선택권이 부여되므로 멘티에게는 가장 좋은 멘토링 주기이기도 하다.

필자의 경우 멘티의 시간이 허용된다면 평일 저녁이나 토요일과 일요일에도 멘토링 시간을 잡아서 진행하는 경우가 많다. 낮에 진행할 경우 다음 일정으로 마음이 급할 때도 있고, 수시로 울리는 전화 때문에 멘토링 진행에 방해를 받기도 한다. 반면 저녁이나 휴일에 진행하는 멘토링은 시간적 여유와 전화 등의 방해 없이 편안하게 진행이 가능하다.

멘토링의 주기는 어떠한 것이 좋다고 단정할 수 없다. 정해진 주기는 하나의 숫자일 뿐 최우선으로 기억할 사항은 '멘티의 만족도'이다.

13
START-UP MENTORING

멘토가 알아야 할
멘티의 특성

(1) 성격에 따른 분류

멘티들의 성격을 파악하는 것은 멘토링의 만족도를 높이는 방안 중 하나다. 멘티의 성격에 따라 대응방법이 다르므로, 이를 파악하고 멘토링에 임한다.

극히 드물지만, 저돌적인 성격의 멘티들을 만날 수 있다. 이 경우 직접적인 맞대응은 피한다. 보통 자신의 결정을 밀어붙이려는 성향이 강하고, 맞대응할 시 대립으로 이어질 가능성이 농후하다. 반면 우유부단한 성격의 멘티는 결정을 내린 후에도 또다시 고민을 반복하는 경향이 있다. 이런 경우 멘티에게 다양한 방법을 제공하여 선택권을 주면 결정시간이 길어지므로 몇 가지 방안만 간략히 제시한다.

신중한 성격의 멘티는 문제에 따른 다양한 방향을 검토하고 고민하므로, 결정을 내릴 때 다소 시간이 필요하다는 점을 염두에 두자. 이처럼 멘토링에 앞서 멘티의 성격을 파악하는 일은 매우 중요하다.

성격 분류	성격에 따른 반응들	결정 시간
저돌적인 성격	자신의 결정을 밀어 붙이려 함	즉시 결정
우유부단한 성격	결정 후에 다시 고민하고 반복함	종료 판단 어려움
신중한 성격	다양한 방향을 검토하고 고민함	시간 필요

멘티 성격에 따른 대응

(2) 쉽게 포기하는 멘티

여러 번의 멘토링 과정을 거치면서 좋은 관계를 맺어왔지만, 어느 날 결국 사업을 포기했다는 소식을 전해오는 멘티들이 있다. 성격적으로 쉽게 포기하는 경우도 있지만 주변의 간곡한 만류와 실패의 경험으로 피해의식이 있는 경우도 있다. 포기 이유는 다양하다. 어쨌거나 멘티는 창업에 대한 열정은 아주 강하지만 사업의 현실성에서 갑자기 흔들리는 경우가 많다.

필자의 경우 창업을 시작하려는 예비 창업자에게 사무실이 필요한 이유가 충분하지 않다면 사무실 없이 집 또는 1인창조비즈니스센터 등의 지원 기관에서 제공하는 사무실을 활용하고 매출이 발생할 시점에 사업자등록을 하라고 권장한다.

그럼에도 먼저 사무실을 얻고, 비품을 구입하고, 사업자등록증을 낸 후에 연구개발을 진행하는 멘티들을 종종 보게 되는데, 결국은 임대료

누적으로 인한 대출금 소진으로 사업을 포기하거나 개인 자금을 끌어 연명하는 경우가 대부분이다. 물론 업종에 따라 공간이 필요할 수도 있다고는 하지만, 대학 창업보육 공간이나 테크노파크 입주기업 신청을 통하여 중간에도 나올 수 있는 편리한 공간에 대한 정보 부족의 경우도 있다.

열정으로 시작한 창업의 길을 쉽게 포기한다고 해서 꼭 실패한 것은 아니다. 간혹 멘토들 중에는 사업을 건성으로 하지 말라는 뜻으로 "목숨을 내놓고 죽을 각오로 임하라."고 말하는 경우가 있는데, 맞는 말이다. 정말 실패하면 죽으라는 뜻이 아니라 그만큼 최선을 다하라는 뜻이다.

그러나 나의 경우는 최선을 다하라는 말의 방향을 달리한다. 우선 실패할 수도 있는 상황에서 최선을 다하라는 말의 순서로 진행한다. 정말 최선을 다하지만 생각보다 쉽지 않고 누구나 성공할 수는 없다. 실패의 가능성도 염두에 두고 실패를 하지 않기 위해서는 어떠한 노력이 필요한지 이야기한다.

멘토들은 멘티에게 실패에 대한 퇴로를 열어 두라고 조언해야 한다. 사업 초기의 멘티들은 대부분 많은 고민을 통해 성공 가능성을 확신하여 자신의 사업에 강한 자신감이 있으며, 좋은 결과만 생각한다.

따라서 멘토들은 멘티들이 자각할 수 있도록 희망적인 이야기와 함께, 일이 잘못되었을 경우 발생할 수 있는 문제점들에 대해 심도 있는 대화를 나눠 멘토링에서 내성을 키우도록 도와줘야 한다. 실패를 인정하고 최대한 실패하지 않기 위한 대안과 준비를 갖추도록 하는 과정이 멘토링이다.

(3) 끊임없이 도움을 요청하는 멘티

멘토에게서 만족을 느낀 멘티라면 다음에 또 그 멘토를 찾게 될 것이다. 이를 귀찮게 여기지 말고 그만큼 내가 잘했기 때문이라고 생각하자.

멘토와 친해진 상황에서 멘티는 사소한 불만도 거리낌 없이 편하게 이야기한다. 멘토라면 이 정도는 이해하고 넘어가겠지라고 단정하며, 아주 사소하고 개인적인 고민까지 털어놓는다. 여기서 멘토는 멘티의 불만을 단순한 넋두리라 판단하고 대수롭지 않게 여겨서는 절대 안 된다. 멘티의 말이 진짜 사소한 것인지, 아니면 속마음을 숨긴 채 별것 아닌 것처럼 얘기한 것인지 확신할 수 없기 때문이다.

간혹 멘토는 방어적인 해명을 하며 멘티의 마음에 흠집을 내기도 하는데, 이런 경우 다시 방어적인 공격이 이어져 별일 아니던 일이 점점 확대되어 큰 일이 되기도 한다. 한번 감정이 틀어진 멘토와 멘티 사이는 회복되기 어렵다.

이런 극단적인 관계가 아니라면, 멘티는 멘토에게 기대하며, 친근감이 쌓이면 아주 사소한 것이라도 질의하고 의존하는 경향이 있다. 자칫 의존도가 너무 높다거나, 질문의 강도도 심해진다고 생각되면 적절하게 차단해야 한다. 멘티의 기분을 상하지 않게 하면서 적당한 거리를 유지하는 멘토의 전략이 필요한 순간이다.

나는 여러 가지 방법으로 멘티와 거리를 두었다. 멘티의 맹목적인 기대를 차단하기 위하여 멘티의 과제 신청기술이나 제품이 결코 우수하지만은 않음을 알려주려고 설명하다가 멘티의 마음을 상하게 하는 경우도 있었다. 때문에 멘티의 기술에 대한 평가는 긍정이든 부정이든 최대한 하지 않고 평가시스템의 흐름과 대응방안을 중점으로 진행한다. 멘티에게 적절한 거리를 두고 설명하는 스킬을 익혀두는 것이 좋다.

(4) 자신에게만 집중하길 바라는 멘티

"멘토는 멘티의 만족을 먹고 살고, 멘티는 자신의 성취를 먹고 산다." 멘토는 멘티의 여러 상황을 파악하고자 노력하고, 멘티는 멘토에게 자신에게 집중하는 관심의 대화를 원한다. 멘토는 불필요한 말을 줄이며 멘티를 조심스러워하지만, 멘티는 멘토가 지속적인 관심을 보이며 보다 많은 이야기를 해주길 희망한다. 이렇듯 멘티와 멘토는 동상이몽의 관계이다.

멘티의 입장	멘토의 입장
자신의 성취감	멘티의 만족
자신에게만 관심 주기를 바란다.	멘티의 다양한 상황을 파악하고자 한다.
멘토와의 많은 대화를 희망한다.	멘티에게 최대한 말을 아낀다.

멘티와 멘토의 입장 차이

(5) 적정선이 없는 멘티

멘토링에서 같은 주제를 가지고 다른 입장을 주장하는, 즉 생각의 차이가 꼭 나쁜 것만은 아니다. 오히려 적당한 생각의 거리는 서로를 조심스럽게 여기고, 생각할 기회를 마련해 주기도 한다. 허물없는 대화가 결코 좋기만 한 것은 아니다. 따라서 장기간 멘토링을 진행하며 자칫 멘티와의 경계가 너무 허물어지면 사소한 문제에서 간극이 발생하고, 서로의 허점이 쉽게 보이는 현상으로 발전할 수 있음을 기억하자.

(6) 남 탓만 하는 멘티

일부 멘티는 멘토링에 따른 결과가 나쁠 때 그 원인을 자신에게서 찾지 않고, 멘토에게서 찾는다. 잘된 것은 자신 탓이고 잘못된 것은 모조리 멘토 탓이다. 그렇다고 멘토링에서 자기 방어적인 대화를 취하라는 건 아니다. 기본적인 사람의 심리를 이해하고 차후에 발생할 수 있는 일에 대비하자는 것이다.

대부분의 멘티들은 일이 잘 되었을 때만 생각하지, 실패에 대해서는 생각하려 하지 않는다. 당부하고 싶다. 멘토링을 진행할 때 멘티의 말에 동조만 하지 말고, 일이 잘못될 수 있는 상황에 대해서도 종종 일깨워주자.

멘티에게 닥칠 위험 중 가장 최악은 신용불량자가 되는 것이다. 최악의 경우에 발생할 수 있는 여러 현상들에 대해 이야기하고, 철저히 대비하도록 함께 고민하고 협의하는 과정이 바로 멘토링의 주 업무다.

멘티들은 멘토의 한 마디에 집중하고 따를 준비가 되어 있다. 멘토가 더욱 신중해야 하는 이유다.

3부

멘토가 바라보는 멘토링

멘토의 자세

　　　　　　필자가 예비 창업자 또는 이미 창업을 한 대표자를 만나는 특강자리에서, 꼭 들려주는 말이 있다. "창업의 길, 사업의 길은 한겨울 추위보다도 10배, 아니 100배 춥고 험한 길입니다. 지금까지 경험하지 못한 두려움이 기다릴 것이며, 결코 장밋빛 길은 아닐 것입니다."

　물론 잘될 것이고 잘되어야 하지만 창업의 과정은 결코 쉽지만은 않으며, 만약 잘못된다면 어느 아픔보다 클 것이라는 것을 알려 주고 싶어서이다. 그리고 이처럼 한파보다 더욱 춥고 힘든 창업의 세계를 강조하기 위해 강의 자료 첫 페이지에는 눈이 소복이 쌓인 겨울 풍경을 제시한다.

　그리고 숫자를 활용하여 서두를 만들어가기도 한다. 1(하나)이라는 숫자를 제시하고 1은 우등, 일등이라는 이미지를 연상시키지만 현재 우리나라의 창업 성공률은 1%라는 통계로 창업의 어려움을 전달한다. 또한 숫자 2를 제시하고 2는 2등, 두 번째, 1등이나 최고에 도전할 수 있는 가능성을 의미하지만 전쟁에서 2등은 패배를 의미하며 모든 것을 잃을 수 있음을 전달한다. 그 밖에도 3, 4, 10 등의 숫자를 활용하여 창업과 사업의 길이 얼마나 어려운지 강조하며 이야기를 시작한다. 이는 사업이 어려우니 시작하지 말라는 의미가 결코 아니다. 그런 어려움을 이길 수 있는 각오와 준비가 필요하다는 뜻을 전달하기 위한 현실적 설명이라고 보면 된다.

점점 취업난이 가중되고 있고 그만큼 창업자가 많은 상황에서 다양한 창업 교육이 진행되고 있는 요즘, 대부분의 창업지원기관은 여러 사람에게 한 번에 전달하는 방법으로 교육을 실시한다. 또한 강의를 진행하는 강사들은 성공한 벤처 기업가의 성공 스토리만을 이야기한다. 물론 이러한 긍정적인 사례의 전달도 필요하다. 그러나 교육을 듣는 예비 창업자 또는 사업 대표자에게 장밋빛 청사진만을 전달하는 것은 무책임한 일이다. 한마디로 "희망 고문"이 될 수도 있는 것이다.

또한 이러한 성공 스토리에서 반드시 등장하는 내용 중 하나는, 사업 도중 배신 혹은 실수를 통해 파산에 이르러 밑바닥 인생을 맛보았지만 극적 반전으로 재기에 성공했다는 것이다. '지속 가능한 끈기'를 강조하기 위해 긴장감과 희망이라는 요소를 넣어 만든 사례들이지만 어려운 상황 속에서도 한 방향으로만 끈기 있게 밀고 나가야 한다는 주장에는 찬성할 수 없다.

오히려 필자는 '포기'라는 단어를 제시하며 '현명한 사람은 사사로운 득실에 목숨 걸지 말고 포기 또한 출구EXIT'로 생각할 줄 알아야 한다고 강조한다.

여기서의 포기는 어려울 때마다 즉시 중단하라는 의미가 아니라 다음 두 가지 의미를 내포한다.

첫째, 스스로에게 또는 타인에게 자신의 방향이 옳다는 것을 증명할 수 없다면 포기라는 단어를 고려해야 한다는 것이다. 창업가 또는 사업가들은 잠재적으로 자신의 아이디어나 자신이 나아가는 사업의 방향이 옳다고 믿는다. 정확히 말하면 오랜 시간 동안 스스로에게 최면을 걸어 옳은 결정이라고 스스로 속이는 부분이 있다. 따라서 현재 자신이 최면 상태라는 객관적 판단이 있다면 즉시 출구가 필요한 것이다.

둘째, 시대의 흐름과 시장 분석 내용 그리고 경쟁 제품과의 비교를 통해서 정확한 상황을 분석한 후 시장에서의 우위가 불가능하다고 판단될 경우 포기를 고려해야 한다는 것이다. 보통 장사꾼은 당장 100원이라도 손해가 발생하면 장사를 접는 사람, 사업가는 당장 1억의 손해가 있더라도 손익분기점을 분석하여 언젠가 이익이 된다면 손해를 감수하는 사람이라고 알려져 있다.

이때 당장 손해가 나더라도 언젠가 수익이 날 것이라는 판단에서는 신중함이 중요하다. 앞에서 말했듯 창업자는 스스로 자기 최면을 걸어 좋은 방향으로만 생각할 수 있다. 필자는 분명 시간이 흐를수록 손해가 발생할 사업임에도 어느 정도 시간이 지나면 흑자로 돌아설 것이라는 자기 최면을 걸면서 더욱 깊은 구렁으로 빠지는 창업자의 경우를 종종 보았다.

이처럼 자기 최면에 걸린 멘티에게 상황을 현실적으로 바라볼 시각을 만들어 주는 일이 진정한 멘토링이며, 멘토의 역할이다. 또한 1부에서 언급한 멘토링 기법을 하나만 적용해도 안 되고, 한 사람에게 적용하여 성공적인 멘토링이 되었다고 생각한 기법이 다른 사람에게도 성공적으로 적용될 것이라는 생각은 위험하다. 멘토링 기법은 다양하므로 멘토마다 특색 있는 방식으로 다양한 기법을 사용해야 멘티에게 높은 만족도를 제공할 것이다.

멘티의 질문에 답변하는 일련의 과정이 멘토링이지만 멘티는 한 명의 멘토에게만 질문하지 않으며, 여러 멘토에게 같은 질문을 던져 그 답변을 가지고 멘토의 역량을 판단하는 경우가 많다. 멘티들은 자신의 심리 상태와 분위기 그리고 대화하는 분위기에서도 멘토를 판단하는 상대 평가를 지속적으로 진행하므로 멘토는 멘티가 자신의 말에 전적으로 수긍하지 않는 부분이 있음을 감지하고 대화에 응하여 실수를 줄이도록 노력해야 한다.

"멘티들의 심리 상태는 어떨까? 멘티들은 멘토를 만나면서 엄청난 기대와 모든 것을 해결해 줄 것이라는 믿음을 가지고 멘토링에 임한다. 그런 멘티의 기대심리는 언제까지 계속될까? 멘토링을 통한 멘티의 만족도는 멘토링 횟수에 따라 어떻게 변화될까? 그리고 이 둘의 관계는 어떻게 될까?"

필자는 그동안의 경험과 만났던 멘티 대표들을 통하여 이런 다양한 질문에 대한 답으로 5+5=0의 법칙을 생각했다.

"하루가 즐거우려면 이발을 하고, 일주일이 즐거우려면 여행을 하고, 한 달이 즐거우려면 차를 사고, 1년이 즐거우려면 새집을 사라"는 영국 속담이 있다. 또한 중국 속담 중에 "하루가 즐거우려면 낮잠을 자고, 한 달이 즐거우려면 결혼을 하고, 일 년이 즐거우려면 유산을 물려받고, 평생 즐겁게 살려면 남을 도우라"는 말도 있다. 나라마다 즐거움에 대한 유효기간이 다르고 처한 시대의 기준이 다를 수도 있을 것이다. 요즘 시대에서는 그 기준이 개인마다 큰 차이를 보이지만, 어떤 행동을 하거나 무엇을 갖게 되었을 경우 만족도의 유효기간은 분명히 존재한다는 것이다.

그럼 멘토링에 대한 만족도의 유효기간은 어느 정도일까? 최신 정보 또는 첨단 기술을 통한 자료를 멘토링에서 제공하여 멘티가 모르는 것을 알려주는 평범한 멘토링이 아닌, 멘티가 절실히 원하는 것에 대한 적절한 자료 또는 다양한 사례를 제공하여 판단을 도와 멘티가 해답을 찾았을 때 가장 만족도가 높을 것이다. 설사 그것이 멘토가 볼 때 대단한 것이 아니라 해도 말이다.

이제 5+5=0의 법칙에 대해 구체적으로 알아보자. 다음 그림은 멘티의 입장에서 멘토링을 받으면서 느끼는 감정 중 만족도와 기대심리에 대한 멘토링 횟수와의 삼각관계가 일정하게 합치되는 부분을 표시한 것이다.

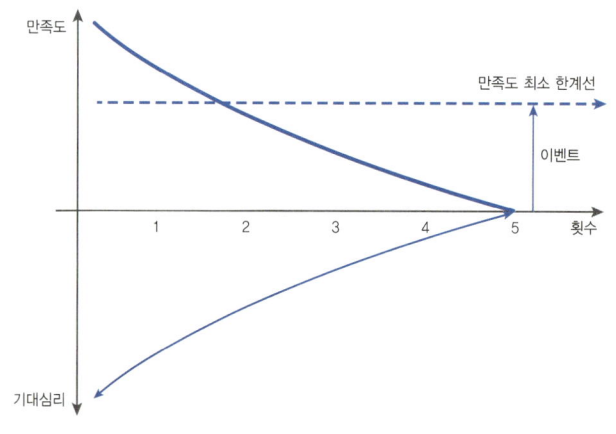

멘티의 기대심리와 만족도의 상관관계

처음 멘토링에 임할 때 멘티의 감정은 기대 반, 우려 반으로 조심스럽겠지만 한두 번 멘토링을 받으면서 그런 감정은 줄어드는 것이 일반적이다. 멘토의 능력이 뛰어나도 멘티가 요구하는 하나의 주제로 5번 정도 멘토링을 하다 보면 멘티의 습득력과 관심사에 따라 기본 지식에 도움을 줄 수 있는 더 이상의 정보가 없어지고 자연히 멘티의 만족도도 거의 바닥이 난다는 통계를 기초로 한 것이 바로 5+5=0의 법칙이다. 이런 현상으로 인해 기술 또는 경영 컨설팅에서 컨설팅 횟수를 5회로 규정한 경우가 많다. 그 5회의 컨설팅도 3회는 오프라인 미팅, 2회는 자료 제공 등의 온라인 컨설팅으로 실시하여 멘티의 만족도 최소한계선을 유지하면서 컨설팅 효율을 높인다.

필자는 멘토링 시작 후 멘티가 만족도를 느끼기 시작하는 최소한의 만족도 경계를 "만족도 최소한계선"이라고 이름 붙였다. 만족도 최소한계선보다 만족감이 내려가는 멘토링은 그 비용이 아무리 저렴하다고 해도, 시간 소비와의 상관관계가 성립하지 못하게 되고 멘토링 기피현상으로 표출된다. 따라서 만족도 최소한계선은 멘티마다, 또는 진행하는 멘토링의 주제에 따라 다르게 나타난다. 즉, 멘토링이 이루어지려면 만족도 최소한계선을 넘어서는 설명과 자료, 정보를 제공해야 한다.

02
멘토는
해결사가 아니다

처음 멘토링에 임하는 멘티는 많은 것이 궁금하고 질문 분야 또한 다양하지만 멘토에 대한 경계심으로 질문의 방향과 순서를 잘못 설정하는 경향이 있다. 반면에 멘토링 경험이 많은 경우는 막연한 기대감을 갖기보다 자신에게 필요한 핵심 질문을 먼저 한 후 답변에 대한 만족도가 높으면 허락하는 시간 내에서 추가 질문을 하며 멘토링을 진행한다.

멘토링에서 멘티, 즉 창업자의 질문에 어떻게 대응하는 것이 가장 현명한 방법인가는 멘티가 처한 상황 및 성향에 따라 다를 수 있다. 다만, 기억할 것은 답을 꼭 알려주어야 한다거나 모든 문제를 해결해 주겠다는 자세는 결코 좋은 것이 아니라는 점이다.

멘티의 질문 유형을 분류하면, 다양한 질문이 이어지는 종렬식과 하나의 질문에 다른 질문이 추가로 이어지는 횡렬식, 마지막으로 복합식이 있다.

종류	멘티의 질문 유형	멘토의 대응
종렬식	이벤트 질문 또는 진행 중인 업무	유사 경험 필요
횡렬식	준비된 질문 또는 정보습득용	보편적인 지식으로 대응
복합식	해박한 지식 또는 신뢰 확보	부족한 답변에 대한 추가 멘토링

멘티의 질문 유형에 따른 멘토의 대응

종류	멘토링 시간	예상 만족도
종렬식	보통이거나 길다.	상
횡렬식	짧다.	하
복합식	길다.	중

멘티의 질문 유형별 멘토링 시간과 예상 만족도

　질문 없이 멘토링에 참여하는 멘토에게는 창업 진행 상황이나 연구개발 진행 상황에 대한 질문을 하고 설명을 들은 뒤 해당 부분에서 해야 할 사항들을 이야기하며 보편적인 멘토링을 진행해도 무방하다. 그러나 여러 질문을 가지고 멘토링에 임하는 보편적인 멘티에게는 멘토의 판단적 역할이 필요하다.

　준비된 질문이 여러 개이고, 이런 질문들에 대한 답변만 듣고자 멘토링에 임하는 경우 이것을 횡렬식 질문이라 칭하며, 멘티는 해당 질문에 대한 대답을 들으면 멘토링을 확대시키지 않을 것이다. 이런 횡렬식 질문은 보편적인 내용들로, 추가 질문이 필요 없고 초기 창업활동에서 나타나는 문제들에 대한 대응·방법 정도의 단답식이 가능한 질문들이다.

보편적 질문인 횡렬식 질문은 인터넷 검색 등을 통해서도 충분히 답을 찾아볼 수 있는 내용으로, 멘티가 찾은 답에 대해 부연 설명을 해주는 경우가 많다. 멘티가 미흡하게 알고 있는 사항에 대해 부연설명을 해줌으로써 멘티의 성격에 따라 만족도는 다양하게 나타날 수 있다.

종렬식 질문은 연구과제의 상세한 답을 알고 싶은 이벤트성 질문이거나 보편적 질문에서 시작하여 파생적으로 질문이 발생하는 경우라서 깊이 있는 내용으로 연결된다. 따라서 종렬식 질문에는 멘토가 직접 고민하며 해결한 경험이 있어야 가장 좋은 대답을 줄 수 있다. 종렬식 질문을 던지는 멘티들은 어느 정도 내용을 알고 멘토링에 임하기 때문에 멘토의 어설픈 대답은 멘티의 신뢰도를 떨어트릴 수 있으므로 대답이 부족할 경우에는 솔직한 대답과 추후를 기약하는 방법이 필요하다. 최근 들어 연구과제를 가지고 정책과제 선정에 신청하는 비율이 높아지고 있으므로 아이디어 또는 기술과 제품에 대한 신청 가능 여부에서 정립과 도출방향 협의, 그리고 사업계획서를 비롯한 대면 평가 등에 대해 매뉴얼적인 대답으로 진행하기보다는 선정될 수 있는 다양성과 준비성을 겸비한 답을 제공해야 멘티의 만족도가 높아질 것이다.

일부의 경우지만 자신이 이미 알고 있는 내용을 멘토도 알고 있는지 확인하기 위해서나 혹은 '이 정도는 알고 있겠지' 하는 마음으로 테스트용 질문을 던지는 멘티들이 있다. 기억하자. 멘토/멘티는 제도적으로 분리해 놓은 호칭일 뿐 멘토가 멘티를 가르치는 선생님은 아니다.

멘티의 질문 유형 중 마지막인 복합식은 멘티가 전반적인 사항을 파악하고 나름대로 해답을 알고 있어 멘토에게 확인을 받고자 하는 경우에 사용된다. 멘티가 신중한 성격이거나 전체적인 상황 파악을 거쳐 자신만의 해결책을 알고 있는 상태에서 그것에 대한 다른 이의 의견을 듣고자 할 때 사용하는 것이다. 복합식은 여러 개의 질문을 준비한 후 각각의 질문에 대해 원하는 정도의 대답을 듣지 못하면 점점 깊이 있는 질문으로 이어진다.

따라서 멘티의 질문에 한 단계 앞서가는 지식으로 충분히 답변하는 멘토링을 진행하면 멘티의 만족도는 매우 높을 것이다. 깊이 있는 질문을 던지는 멘티는 멘토가 100% 답변이 가능할지 의문으로 접근하는 경우가 많아서 확실하지 않은 답변을 한다면 멘토에 대한 멘티의 불신은 커질 것이다.

멘티의 질문을 유형별로 살펴보았지만 멘티가 만족하는 대답에는 정답이 있을 수 없을 것이다. 다만 최대한 만족도에 접근하려는 항목별 대답이 필요하며 그런 노력의 일환이 바로 멘토링의 과정이다. 멘토는 결코 모든 것을 해결하는 해결사가 되어야 하는 것은 아니다.

어떠한 주제의 고민이나 문제를 풀어가는 방안은 다양하고, 어느 하나의 방안이 해답이 될 수 없는 경우가 허다하다. 하나의 문제에 대한 해답은 한 개 혹은 여러 개일 수 있으며 이런 다양한 해답이 최선이라고 확신하기도 어렵다.

간혹 멘티가 어떤 방향으로 풀어 나가겠는다는 계획을 이야기하였을 때 멘토의 입장에서는 최선의 방안이 다른 방향으로 판단될 수도 있다. 이때 해결사가 되어 멘토가 판단한 방향으로 바꾸도록 종용하는 것이 맞는지에 대한 논란이 있을 수 있다.

필자는 개인적으로 멘티가 생각하는 방향과 멘토가 생각하는 방향 중 선택하라면 멘티 쪽을 선택하려 한다. 다만, 멘티가 선택한 방향의 문제점이나 부작용을 충분히 설명하고 그런 의견 제시에도 불구하고 멘티가 자신의 뜻을 굽히지 않는다면, 선택한 방향에서 발생 가능한 문제점의 대처방안으로 멘토링을 진행한다.

종류	선택하려는 방향의 장단점	선택 방향의 장점
초기(조사)	다양한 방향의 장단점 검토	1 / N
중기(검토)	최적의 방향을 선택함	가장 장점이 많은 것 선택
최종(결정)	가장 좋은 결정으로 확신	다른 방향은 전혀 고려하지 않음

멘토링 시간에 따른 선택한 방향에 대한 확신

멘티와 멘토의 방향이 다르고 약간의 대립이 발생하는 경우 보통의 멘티는 자기 주장을 고집하지 못하고 수동적으로 대응하다가 결국에는 멘토의 방향을 받아들이기도 한다. 하지만 이 경우 멘토링이 끝난 뒤에는 결국 자기 주장대로 진행하여 잘못된 경우가 종종 있다. 이것은 과연 멘티의 잘못일까?

필자는 누구의 잘못이라고 판단할 수 없는 문제라고 본다. 멘티 중 많은 대표들은 겉으로는 멘토의 말에 수긍하지만 결국은 자기 주장대로 가고 싶은 확신이 있다. 따라서 멘토가 이를 이해하고 문제점에 대한 설명이 부족한 것은 아닌지 생각한 후 멘티의 혼란을 최소화시키는 것이 바람직하다.

   결국 멘토링에서 멘토는 해결사의 능력이 필요한 것이 아니며 문제를 상호 협의하는 상담자가 되어야 하는 것이다.

03 START-UP MENTORING
답을 가지고
멘토링에 응하는 멘티

멘티는 가르침을 받아야 하는 부족한 사람이 결코 아니다. 멘티는 제도적으로 부르는 호칭일 뿐이고 자신이 연구하고 고민하는 기술적인 부분과 경영 전반에 걸쳐 멘토보다 잘 알고 있는 경우가 많다. 그래서 오히려 멘토가 멘티에게 가르침을 받는 경우도 많다.

멘티에게 가르침을 받는 멘토가 잘못되었거나 부족한 것도 아니다. 멘토가 멘티에게 좋은 정보를 얻고 배운다 해도 주제에 따라 멘토가 도움을 주는 정보가 분명히 있으며 멘티가 알고 있는 정보와 관련된 다른 부분에 대해서 설명해 줌으로써 만족도가 더욱 높아지는 경우가 많다. 따라서 '멘티는 부족하거나 가르침을 받아야 하는 사람이 아님'을 전제로 하고 멘토링을 진행해야 하며, 가장 중요한 것은 서로에게 배울 수 있다는 인식이 바탕에 있어야 한다. 어느 한 쪽이 자기 주장만 확인하는 자리가 된다면 멘토링의 존재 의미는 없어진다는 것이다.

고령층 창업자는 자기 주장이 강한 편이라서 문제에 대한 답을 가지고 멘토링에 응하는 경우가 흔하다. 이 경우 멘토링은 진척이 없을 뿐만 아니라 만족도 역시 떨어지는 불만 가득한 과정이 되기도 한다. 이런 멘티들은 멘토링을 통하여 자신이 생각이 맞다는 것을 증명하려는 경우로, 멘토의 어떠한 의견에도 "좋다"고 말하면서 결국은 자신이 생각했던 것을 주장하고 그대로 실행한다. 이런 창업자는 결국 잘못되었을 때 멘토에게 미안함을 느끼지만 다시 같은 상황에 처해도 자신의 주장에 대한 고집을 줄일 뿐 결코 포기하지 않는 모습을 종종 보게 된다.

나이 혹은 경험 조건	결정 변경 가능성	생각의 다양성
젊음	최적 결정의 변경 가능성이 큼	멀티 플레이어 가능
실패 경험 유(有)	'이번 결정도 혹시' 하는 생각을 가짐	변수에 대해 인식
나이 많음	한 번 결정하면 변경하지 않음	단방향적인 사고

나이 혹은 실패 경험에 따른 결정 변경 가능성 및 생각의 다양성

모든 문제에 100% 정확한 하나의 길만 있는 것은 아니다. 어느 누구의 결정이 100% 틀리다고 확신할 수도 없다. 따라서 멘토는 멘티들의 생각에서 객관성을 찾아 최적의 방안으로 결정하도록 지원하는 것이 옳은 멘토링의 방향이다. 또한 멘티 스스로도 멘토링을 받기 전 충분한 검토와 장단점 비교를 통하여 최적의 방향을 선택해 보아야 한다. 처음에는 신중하게 생각하였으므로 자신의 결정이 다른 결정보다 뛰어나다고 판단하여 더 이상 다른 생각을 하지 않으려고 할 것이다. 특히 고령층의 창업자는 멘토링에서 자신의 결정에 대해 반대하는 의견

은 배척하려는 심리가 있으므로 멘토는 이 점을 충분히 이해하고 멘토링에 임해야 한다. 결정이 잘못되었음을 강조하기보다는 조심스럽게 우선순위를 변경하는 식으로 조언하는 것이 좋을 듯하다. 주입식·강요식 멘토링은 거부감이 발생하므로 멘티가 수긍하고 받아들일 수 있을 때 진정한 멘토링이 이루어질 수 있다는 사실을 기억하고 접근하도록 한다.

04
START-UP MENTORING

고유의 성향과
멘토링의 관계

필자는 충청도 지역에서 14대 조부 때부터 살았던 토박이로, 자라면서는 충청도 사람의 고유 성향에 대한 인식을 못했지만 멘토링 일을 시작하면서 개인의 성향과 멘토링의 관계를 생각하게 되는 일이 종종 있었다.

흔히들 충청도 사람은 속내를 알 수 없다고 이야기한다. 단적인 예로 "됐슈~"라는 말이 거절의 표현이 아닌 승낙의 의미를 담고 있다고 생각하면 이해가 쉬울 것이다. 또한 다른 지역의 전통시장과 충청도의 전통시장을 비교해 본다면 충청도의 특색을 확실히 알 수 있다.

충청도 지역의 전통시장은 일단 타 지역보다 조용하다. 모든 시장이 그런 것은 아니지만, 호객행위가 적고 손님들의 왕래에 무관심하며 판매를 위한 협상도 수동적이기에 지나가는 사람을 붙들고 이루어지는 판매는 거의 없다. 물건 값에 대해 흥정을 하지 않으며 책정한 가격보다 낮은 가격을 여러 번 요구하는 손님에게는 더 이상 팔려고 하지 않는다.

멘토에 대한 막연한 기대심리와 신비감을 부각시키는 대화 방법으로는 이러한 충청도인의 성향, 즉 수동적이고 요란하지 않은 기다림이 좋은 대안이 된다. 예를 들어 필자는 단 세 마디로 멘토링을 진행한 적이 있다. 세 마디란, "무엇을 합니까?", " 어떤 노력을 했습니까?", "어떻게 할 계획입니까?"이다. 이 세 가지 질문을 멘티에게 차례대로 하고 멘티가 편하게 대답할 수 있도록 추임새를 넣으면서 충분한 시간 동안 들어주었다. 그리고 멘티의 선택 방향에 동의하며 칭찬하는 분위기를 만든 후 정보를 제공하였더니 멘티의 만족도는 매우 높았고 그 후에도 종종 필자에게 멘토링을 요청하고 있다. 필자의 충청도식 기다림과 수동적 자세가 자신의 선택에 문제가 없는지 확인하고 싶었던 멘티에게 긍정적인 효과를 준 사례이다.

타 지역의 사투리가 단어의 억양을 조절하는 방법으로 의미를 변화시킨다면 충청도 사투리는 단어의 발음 길이로 의미가 달라진다. 예를 들어, "그려"와 "그려~"는 같은 단어이지만 듣는 사람은 다른 의미로 받아들이게 된다. 멘토링에서 사용했던 충청도 사투리는 멘티로 하여금 다양한 해석이 가능하도록 하여 가장 좋은 방향을 스스로 선택하도록 하는 방법이 되었다. 애매 모호성이 멘티의 상상력을 자극하고 다양한 사고를 끌어내어 순기능으로 작용되었다는 사실은 지금까지 만난 여러 멘티들에게 시간이 흐른 뒤에 들을 수 있었다.

우리나라 프로야구단은 각각 지역적 연고가 있다. 프로야구가 시작된 80~90년대에는 그 인기가 과열되어 지지하는 야구단이 연패하면 선수 수송차량 방화, 차량 전복, 돌 투척 등의 사건이 빈번했는데, 세월이 흐르며 이러한 과격 행동은 사라졌지만 아직도 연패에 영향을 끼친 선수에 대한 항의성 행동은 어느 구단이든 계속 되고 있다.

그렇다면 충청도 지역이 연고지인 한화 이글스의 연패에 대한 충청도 시민의 행동은 어떠할까? 연패는 물론이고 2011년부터 2014년까지 연속 꼴지라는 성적표를 받는 과정에서, 관람객의 민원은 있었지만 그 정도가 매우 미약하여 스스로 분노를 삭이는 표현 정도였으므로 기사화되지는 못하였다. 경기가 끝난 뒤에도 경기장에 남아 응원하는 모습은 일반적으로 이해하기 어려운 행동이지만 이것이 바로 충청도인의 성향이라고 생각한다.

당시 한화 이글스의 팬들은 출전 선수보다는 류현진, 김태균이라는 최고의 선수를 두고도 선수 운용을 제대로 하지 못한 관계자들에 대한 불만이 컸던 탓에 돌아설지 모르는 팬심을 잡고자 야구단에서는 팬들을 상대로 구두로 설문조사를 실시했다. 질문항목에는 김응룡 감독의 경질에 대한 내용도 포함되어 있었다. 그런데 희안하게도 그 질문에 대한 충청도 야구팬들의 대답은 하나같이 "원하지 않는다."였다. 이어서 그 이유를 묻는 질문에는 "냅둬유~ 지도 언젠가는 이기겠지유~"라고 말한 사람들이 상당수였다고 한다.

　이 사례를 멘토링과 연관지어 생각해보자. 만약 멘토링 과정 중 멘티가 엉뚱한 대답을 계속하고 멘토가 제시한 방법을 실천하지 않을 때 멘토가 여유로움을 갖지 못하고 불만을 표정으로 표출한다면 더욱 멘티와 대립할 수밖에 없을 것이다. 이때는 마음의 평온함을 갖도록 노력하면서 의연하게 대처해야 한다.

　필자는 어린 시절 50가구 정도가 모여 있는 소촌에 살았는데, 다들 가족처럼 지내던 시절이라 옆집에 무슨 일이 있는지, 무엇이 필요한지 말하지 않아도 알고 있을 정도였다. 어느 날 옆집 아저씨가 찾아와 아버지와 한 시간 가량을 들에 앉아 이야기하셨는데 대화 내용을 듣지도 않은 어머니는 아저씨가 소시랑을 빌리러 오셨다는 것을 알고 계셨다. "오늘 옆집네 안산 밑의 텃밭 땅을 골라야 하는데 그집 소시랑이 부러졌어."라고 말씀하셔서 더욱 놀라웠다.

멘티에 대한 멘토의 관심도 이 정도가 되어야 하지 않을까? 멘티가 멘토링을 신청하게 된 목적과 이유를 어느 누구보다도 먼저 파악하고 언제든 대답을 미리 준비하는 자세가 필요하다. 또한 여러 번의 만남을 통해 멘티와 가까워졌다고 할지라도 멘티의 앞에서 다른 사람을 흥보는 행동은 절대 금해야 한다.

유명한 강사 분에게 직접 들은 충청도와 관련된 이야기가 있다. 그는 좋은 강의를 위해 수강생들에게 설문을 실시해 만족도 조사를 하지만 보통 강의 중 분위기 등을 보면 만족도가 어느 정도일지 가늠이 되었다. 그런데 재미있는 강의 분위기를 만들기 위해 적절히 유머를 섞으며 이야기하면 충청도 사람들의 경우는 크게 웃지 않고 조금 시간이 흐른 후에 피식 웃는 정도라고 한다. 그래서 '설문조사를 해도 만족도가 높지 않겠구나.'라고 생각을 하는데, 예상 외로 가장 높은 만족도를 보이는 지역이 충청도라고 한다. 물론 이러한 지역적 특성을 일반화하는 것은 위험하다. 하지만 멘티의 고유 성향을 파악하고 멘토링을 진행하는 것은 여러 가지 유익한 점이 분명히 있다.

05 START-UP MENTORING
멘티는 **자기 최면에** 걸리기 쉽다

대부분의 멘티들은 자신의 입장에서 주장을 하는데, 사업은 타인, 더 나아가서 시장의 상황과 관계되기 때문에 이러한 독선적 태도는 매우 위험하다. 일종의 자기 최면 상태에 빠질 수 있다. 자기 최면 상태란 자신이 결정한 것이 마치 정답인 것으로 인식하는 단계로 오래 생각할수록, 다양한 방향을 생각할수록 최면 정도가 깊어진다고 본다.

분류	자기 최면 정도
고민의 양	많은 고민과 다양한 방향으로 검토할수록 결정에 대한 확신이 높음
고민 시간	오랜 시간 고민할수록 결정에 대한 확신이 높음
멘티 분류	연령이 높을수록 결정에 대한 확신이 높음

자기 최면 정도

자기 최면에 걸린 멘티에게 처음부터 그가 결정한 반대 방향의 방법을 권장하면 대부분 "그 방법도 좋지만~"이라고 말하며 자신의 결정을 변호한다. 이때 멘토가 계속해서 자신의 생각에 대해 이야기하면 멘티와의 갈등만 반복될 뿐이다. 멘티의 입장이 너무 확고할 경우 멘토는 질문을 통하여 혹시라도 있을 단점과 그 단점이 사업에 미치는 영향 등을 멘티 스스로 발견하도록 해야 한다. 멘티는 그 과정(질문-답변) 속에서 '내가 생각한 방향이 최선이었을까?'를 다시 고민하게 될 것이며 그때 멘토는 다른 방향의 답을 제시해야 하는 것이다. 즉, 조언할 방법과 시기를 잘 파악하는 것이 멘토링의 기본이다.

만약 너무도 분명한 방안을 버리고 멘티가 자신의 결정대로 밀고 나가 추후에 후회할 일이 발생하였다면, 잘못된 방향을 선택한 멘티의 잘못이 아니라 방향을 돌리지 못한 멘토의 잘못이 크다고 할 것이다.

06 START-UP MENTORING
멘티의 말 **기억하기** & 정책과제 선정 방법 **지원하기**

멘토링에서는 좋은 말을 하는 것도 중요하지만 더 중요한 것은 멘티의 말을 잘 기억하는 것이다. 멘티의 말에는 사업 아이템, 기술, 제품, 상호 간의 약속 등이 포함되어 있으므로 그의 말을 잘 기억할수록 효과적인 관심과 조언을 해줄 수 있고 멘티의 만족도 역시 높아진다.

필자는 멘토링 횟수가 많아지고, 기억해야 할 멘티들도 많아지면서 그들과의 인연을 지속적으로 이어가기 위해 문서로 대화내용을 정리하기 시작했다. 그리고 멘토링 종료 며칠 뒤 멘티에게 전화 연락을 취해 그 파일 내용을 토대로 진행 사항을 점검했다. 정확한 주제나 목적이 있는 통화는 아니지만 안부 인사 겸 아이템에 대한 진행 사항 정도만 물어도 멘티의 만족도는 매우 높아진다.

또 멘티는 멘토링 과정 중 질문하지 못했던 내용을 통화를 통해 답변 받을 수 있으니 만족도는 최상의 상태가 될 것이다. 멘티는 멘토링을 통해 멘토에 대한 고마움, 존경심을 갖기도 하지만 자주 만나기 어렵다는 생각이 있어 친근감을 갖기 어렵다. 그런데 만약 멘토가 먼저 다가가 계속적인 관심을 준다면 자신을 신뢰해주는 멘티들이 점점 늘어날 것이다.

분류	대화 도중 제공 정보	멘티의 만족도
안부 인사	멘토링 방문 후 안부 인사	보통
아이템 점검	아이템의 검토 및 상황 파악	높음
정보 제공	멘티에 맞는 유익한 정보 제공	최상

멘티에 대한 사후 관리

멘토가 멘티의 만족도를 높일 수 있는 가장 쉽고, 좋은 또 하나의 사후관리방법은 창업자의 연구개발 내용이 정부의 정책과제에 선정될 수 있도록 지속적으로 정보를 제공하는 것이다. 창업자들이 제품을 개발하여 생산에 들어가기까지 소요되는 자금은 상당히 많아서 정책과제 선정은 많은 창업자들이 가장 원하는 것임에도 대부분 정보가 부족한 실정이다.

정부가 중소기업에게 지원하는 지원금은 약 20조 원으로, 정부의 입장에서도 훌륭한 지적 재산과 기술이 필요하기에 지원을 아끼지 않고 있다. 정책과제에 선정되기 위해서는 아이디어 도출, 아이디어 정립, 특허 출원 등의 기본사항뿐만 아니라 기존 기술과의 차별점, 진입장벽 검토, 시장성 검토 등이 필요하다. 그렇기 때문에 멘토링은 아이템 연구개발의 고도화 방안에 집중되어야 한다.

만약, 정책과제에 최종 선정되거나 대면평가까지 이루어질 경우 각 단계마다 멘티에게 도움을 주는 강도가 다르지만, 어느 단계이건 멘티는 멘토에게 많이 의존하게 된다. 또한 멘티는 단계별 항목에서 정확한 답을 요구하기에 단순한 방향 제시로는 부족함을 느낄 수 있다. 때문에 경험에 입각한 구체적인 멘토링이 필요하다.

정책과제 선정 단계는 크게 준비단계-작성단계-발표(대면평가)단계로 이루어지는데, 발표(대면평가)단계-준비단계-작성단계 순으로 중요하다고 할 수 있다. 준비단계에는 아이템의 정립을 통한 특허 출원 등이 기본이 되고 상품성이 있는지, 수출 가능한 아이템인지에 대해 역점을 두어 과정을 진행한다.

멘티들은 보통 사업계획서 작성에 어려움을 느끼고 민감한 반응을 보여서 멘토링 시에도 사업계획서 검토를 가장 중요하게 생각한다. 그러나 필자는 사업계획서의 기본 틀, 평가위원의 입장에서 보기 편한 형태 및 구성 방향 정도만 제시해 줄 뿐 상세한 내용은 지도하지 않는다. 상세 내용은 해당 아이템을 가장 잘 알고 있는 창업자가 작성하는 것이 옳다고 생각하기 때문이다. 그러나 대면평가 부분은 기존의 발표 형태와 다른 방식을 취하도록 멘토링한다. 예를 들어 15분 발표 후 15분 질의-응답 시간이 주어질 경우에는 10분 이내의 발표 내용을 준비하도록 하고 예상질문을 도출한 후 응답에 필요한 자료들을 발표자료에 첨부하고 답변 시에 화면에 표시하여 근거로 제시하면 선정 확률이 높아진다.

분류	멘토링 접근법
아이디어 도출	사용자의 요구사항 분석
아이디어 정립	아이디어 형상화 검토
아이템 확립	기술성, 사업성 검토
아이템 지적재산권	특허 출원, 선행기술조사 검토
기존 제품과의 차별성	기존 제품, 서비스와 경쟁우위 검토
사업성	기술성보다는 사업성 검토
수출 가능성 파악	정부의 역점 항목, 비중 상승
정책과제 공고 제공	지속적 제공 필요
사업계획서, 대면평가	대면 평가 비중을 높인다.

연구개발 과제별 멘토링 접근법

선정에 탈락한 창업자들은 일반적으로 평가위원이 자신의 기술을 이해하지 못하여 나타난 결과라고 생각함으로써 대면평가를 마치 평가위원과의 싸움으로 오해하는 경우가 있다. 대면평가는 평가위원과의 싸움이 아니라 함께 평가받을 다른 창업자와의 싸움이다. 정책과제의 목적은 수출과 고용 안정에 기여할 만한 우수한 과제를 발굴하여 국민이 낸 세금으로 보조금을 지원하는 데 있으며, 이때 대면평가 결과의 비중이 가장 높게 반영될 뿐이다.

평가에 임하는 창업자들은 평가 자체를 "우수한 과제를 뽑는 과정이 아닌, 탈락 과제를 뽑는 과정"이라고 생각할 필요가 있다. 탈락할 과제를 뽑는 과정이기 때문에 평가위원의 질문 방향도 "잘못된 근거는 없는지, 부족한 점은 없는지" 등의 '단점' 부분에 맞춰져 있다고 생각해야 한다. 정책과제 선정에 신청된 대부분의 기술들은 아주 훌륭하여 장점만을 보아서는 평가위원조차도 변별력을 갖기 어렵기 때문이다.

07 START-UP MENTORING
결론은 멘티가 내린다

"말에게 물을 먹이려면 일단 냇가로 데리고 가라.", "고기를 주지 말고 고기 잡는 방법을 가르치라."는 말이 있다. 이렇듯 멘토링에서도 '옳고 그르다'는 판단보다는 멘티가 좋은 선택을 내릴 수 있도록 선택동기, 선택방법을 제공해 주는 것이 중요하다.

물론, 이것 또한 쉬운 일은 아니다. 간혹 멘토링을 거부하는 멘티를 볼 수 있는데, 이런 경우 그 원인을 분석해 보면 멘토링 내용이 본인의 마음에 들지 않거나 사업을 포기해야겠다고 결론 내린 경우가 대부분이다. 두 경우 모두 어떤 부분이 멘티에게 그러한 영향을 미쳤는지 고민해야 하며, 혹시 멘토가 사업의 진행을 부정적으로 결론지어 말한 적은 없는지 파악해 보아야 한다.

일반적으로 상호 간에 문제가 발생하면 각자 스스로의 잘못을 생각하기보다는 상대방의 허물을 먼저 이야기하려 한다. 하지만 멘토링 과정에서 멘토와 멘티 간에 갈등이 발생하였다면 멘토는 스스로에게 잘못이 없는가를 생각해야 한다.

멘티는 멘토에게 도움을 받는 입장이므로 멘토에 대한 존중, 어느 정도의 조심스러움도 필요하지만, 본인의 사업 아이템과 기술은 세계 최고라고 생각하기에 그것과 관련된 대화에서는 멘토가 멘티를 존중해야 한다. 멘티는 일반적 대화에서는 멘토의 말에 순종적이지만 기술과 정책 부분에서는 자신의 의견에 전혀 흔들림이 없다.

따라서 멘티가 결정한 방향이 잘못되었다고 생각되어 전환 방향만 전달한다면 멘티는 단호히 거부할 것이고, 당황한 멘토가 한 번 더 이유를 설명하며 새로운 판단을 요구하면 대화는 논쟁이 될 수밖에 없다.

멘토는 그동안의 경험을 통한 눈으로 바라보기에 멘티의 잘못된 선택이 자칫 사업에 악영향을 줄 것이 예상되어 의견을 제시하는 것이지만, 멘티의 입장에서는 아주 많은 연구와 고민 끝에 내린 최적의 방법이므로 하나가 바뀌면 전체가 흔들릴 수 있어 멘토의 의견이 어느 정도 옳아도 대안 없이 받아들일 수 없는 것이다.

이런 경우 합리적인 멘토링 방법은 "질문"이다. 이 방법은 어느 상황에서든 사용 가능하지만, 특히 멘티의 생각이 합리적이지 못하고, 부정적으로 평가될 경우 그 부분을 확인시키는 과정에서 효과적이다. 왜 그런 결정을 했는지, 다른 방향도 검토했는지 등을 질문하며 함께 고민하는 상황 전개가 필요하다. 이때 멘티는 질문을 통하여 자신이 놓쳤던 부분, 고려하지 않았던 부분을 생각하고 방향의 다양성을 검토하게 된다. 간혹 이런 질문 과정에서도 방어적인 태도로 응대하는 멘티에게는 단순히 점검의 과정이니 고민을 좀 해보라는 식으로 대화를 마무리하면 되는 데, 이처럼 다양한 방향을 제공하며 멘티의 선택을 아주 조심스럽고 서서히 변경하는 과정이 멘토링이다.

멘티가 멘토를 바라보며 "무엇인가 있겠지"라고 생각하게 되는 기대심리와 질문을, 잘못된 결정을 조금이나마 변경시키는 무기로 활용하자.

멘토링의 정의에는 여러 가지가 있지만, 필자가 가장 동의하는 정의는 "결론을 내는 과정이 아니라 최적의 방향을 설정하는 과정"이다. 즉, 멘토링에는 결론이 없다.

08 START-UP MENTORING
기술은 노하우가 아닌 노웨어이다

　　　　　　　　　　제조업이 중심이 된 시대에서는 각자 노하우(know-how)가 필요했고 그것이 기업의 자산이었다. 노하우가 기업의 경쟁력으로 대변되었고 노하우를 확보한 경력자는 정년보장이라는 선물을 얻을 수 있기에 신입 직원에게는 선망의 대상이었다. 또한 변화가 적었던 시대이므로 노하우를 한 번 확보하면 사용할 시간이 충분히 있었기에 혁신도 필요하지 않았다.

　그러나 현대의 정보화 사회에서는 노하우가 아닌 노웨어(know-Where)가 바탕이 된다. 인터넷 기술이 발달하여 궁금한 어떤 정보도 온라인 세계에서 검색이 가능해졌다. 물론 부적절한 정보도 있어 문제이기는 하지만 집단지성을 통하여 무수히 많은 정보에서 거짓 정보를 찾아내기는 어렵지 않으며, 국경을 초월한 공간에서도 정보가 제공되기 때문에 노하우로 불리던 일부 사람들의 특정 정보가 이제는 누구나 쉽게 찾고 접할 수 있는 것이 되었다.

　신입시절을 거친 사람이라면 누구나 경험했겠지만, 필자도 과거에 막히는 부분이 있으면 선임을 찾아가 교재도 없이 묻곤 했었는데 막힘

없이 모든 답을 술술 말하는 선임이 존경스럽기까지 했다. 그때는 선임이 많지는 않았지만, 팀원들이 조직 내의 같은 업무를 다루고 있었기에 쉽게 해결이 가능하였던 것이다.

현재의 상황은 예전과 사뭇 다르다. 조직 내의 업무라고 할지라도 국내 또는 전 세계 속에서의 경쟁이므로 궁금한 내용 또한 방대해져 경험이 있는 선임을 찾기가 어렵고, 경험을 하지 않고는 답하기가 불가능한 상황이다. 이런 환경에서 정보는 인터넷이라는 바다에서 구한다. 어떤 질문에도 핵심 해답 또는 유사 해답을 제공하므로 동료나 선임에게 궁금증을 묻는 경우보다 인터넷에서 검색하는 경우가 거의 대부분이기에 나에게 도움이 될 '노하우'가 어디에 있는지 아는 능력인 '노웨어'가 중요한 단어로 등장하게 되었다.

대부분의 멘티들이 답을 구하는 방법 또한 인터넷 검색이다. 그럼 멘토의 역할은 없어지지 않을까? 그렇지 않다. 멘토는 정보 검색을 바탕으로 방향 설정이 가능하며, 정보 제공 역시 쌍방향의 맞춤형으로 가능하다. 알파고와 이세돌의 바둑 대결에서 보았듯이 어쩌면 사람의 지능을 넘어서는 컴퓨터가 등장하여 멘토의 역할을 대신할 수도 있겠지만, 대화를 통하여 다양한 상황, 조건들을 분석할 수 있는 멘토링 컴퓨터는 아직은 먼 미래의 이야기가 아닐까 싶다.

09 START-UP MENTORING
멘티와 천생연분
코드 맞추기

닭이 먼저인지 알이 먼저인지의 논쟁은 천 년을 넘어선 메뉴인데, 멘토링에서도 멘티의 실적에 대한 권리 행사의 비중 정립은 쉽게 해결될 문제가 아니다. 멘토링 이후 멘티의 실적이 좋았다면 과연 누구의 역할이 큰 영향을 미친 것인지 검토해 보게 된다. 이때 멘토들은 각자의 장점 및 특징이 있어, 멘티가 원하는 부분은 무엇이며, 멘토는 어느 쪽에 비중을 두고 노력했는지 검토해야 한다. 각 멘토마다 전문 분야는 따로 없지만 직접적 경험과 지도 경력에 따라 멘티가 원하는 멘토와의 적절한 매칭이 필요하다. 따라서 멘티가 필요로 하는 부분에 대해 상세한 지식을 전달해 줄 멘토의 선별이 필요하며 선정된 멘토는 자신의 경험과 지식을 통해 최대한의 역량을 발휘해야 한다.

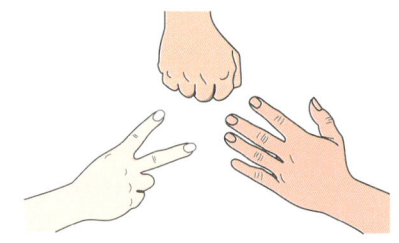

항목	멘토링 내용	역할 비중
매출 실적	채널정책, 온·오프라인 홍보 방안	멘티
마케팅 실적	전시회, 박람회, 광고	멘토
연구개발 실적	과제 공고 제공, 과제 선정	멘토, 멘티
제품인증, 기업인증	ISO, 성능인증, 제품인증 지원사업	멘토
노무, 세무	채용장려금, 절세 방안	멘토

질문 항목에 따른 멘토링 내용 및 결과에 영향을 미치는 역할 비중

멘토는 자신의 역량을 발휘하기 위하여 멘티가 필요로 하는 전 공정에 대하여 한 번은 직접 프로세서를 경험하며 사소한 부분까지 직접 서류 작성에 시간을 투자한 후 그 내용과 경험을 바탕으로 멘토링에 임해야 한다. 일부에서는 공고문 열람과 서류 검토를 통해 얻은 지식으로 멘토링을 진행하는 경우가 있다. 이론과 실무의 격차는 상당하며 특히 멘티가 하는 질문은 실전 경험이 없고서는 대답하기 어려운 사항이 많기 때문에 멘토들은 한 번쯤은 꼭 실전 경험을 하도록 한다.

멘토가 열심히 노력하여 99%의 일을 도와주고 극히 일부인 1%의 일을 돕지 못했다고 생각해보자. 거의 모든 멘티는 남은 1%를 해결하기 위해 많은 노력을 해야 하기에 1% 남은 일을 하는 것이 아니라 멘토가 1%를 도와주고 자신이 99%를 해결했다고 믿는다. 자연히 멘토의 도움은 1%밖에 안 된다고 생각하고 만족도는 낮아질 것이다. 따라서 멘토는 사후관리를 통하여 부족한 1%를 보충해 주어야 한다. 멘티의 입장에서 1% 부족한 진행은 전혀 진척이 없는 것과 마찬가지이므

로 나머지 1%를 채우기 위해 다른 멘토를 찾을 수밖에 없는 상황이다.

100%를 만족시키는 멘토링은 사전 기획 없이는 불가능할 것이므로 멘토는 멘티의 성향에 따라 1%를 채울 방안을 준비해야 한다.

10
START-UP MENTORING

멘토링은 나무가 아니라 숲을 보는 과정

멘토링은 그 대상이 사람이기 때문에 다양성이 존재한다. 따라서 멘티의 심리 파악과 그들의 의견 수용이 중요하므로, 멘티의 결정과 생각을 충분히 파악한다면 멘토링의 만족도를 높일 수 있는 준비는 이미 충분하다. 멘티의 현황과 생각을 파악하기 위해서는 질문과 대답을 하나씩 대응시켜 생각하기보다는 전체적인 그림을 그려 흐름을 파악해야 한다. 즉, 나무보다는 숲을 보아야 하는 것이다.

예를 들어, 정책과제 선정 신청에 앞서 사업계획서를 작성할 때 그것에만 국한하여 멘토링을 진행하는 것이 얼마나 도움이 되는지를 검토해야 한다. 일반적으로 정책과제 선정은 1차 평가(사업계획서 검토)와 2차 평가(대면평가)로 나뉘는데, 점수 비중이 2차 평가 결과가 더 크므로 사업계획서 작성보다는 대면평가에 집중해야 한다. 이는 사업계획서 작성을 등한시하라는 의미가 아니고 사업계획서 작성 시 대면평가도 함께 대비할 수 있는 내용이 되도록 멘토링해야 한다는 것이다. 즉, 사업계획서 작성이라는 나무를 살피는 소극적 대응보다는 정책과제 선정이라는 포괄적 사고로 숲을 보면서 멘토링할 필요성이 있다. 이처럼 넓게 보는 시각은 단지 사업계획서 작성뿐만 아니라 기술 방향과 경영 부분 모두에서 적용되는 사안이므로 멘토의 고민을 통한 특별한 설명이 제공되어야 한다.

정책과제 선정에 대한 예비 창업자 또는 대표자들의 관심은 그것이 사업의 시발점이라 생각할 정도로 비중이 커서 차후 다른 기회에 집중적으로 설명하려고 한다. 다만, 사업계획서 작성은 다른 부분보다 특히 넓게 보는 시각이 필요하다. 다시 한 번 말하지만 정책과제 선정은 우수한 기업을 선정하는 과정이 아니라 우수하지 않은, 탈락해야 할 기업을 골라내는 제도라고 생각해도 될 정도로 대부분 완벽하고 훌륭한 기업이 참여하기 때문에 기본인 사업계획서 준비과정에서부터 나무가 아닌 숲을 보는 시각이 절대적으로 필요한 것이다.

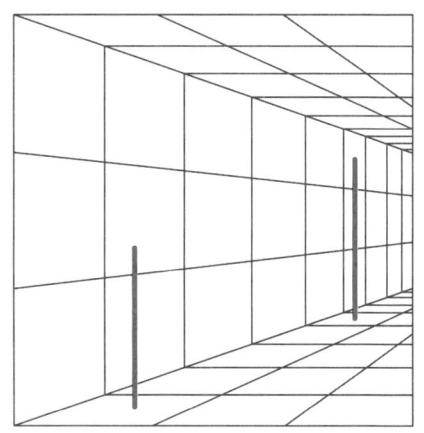

멘토링에서의 **교육**

일반적인 지식 전달 교육은 창업자에게 제공하는 정보전달 방법 중 만족도가 그리 높지 않기에 이미 많은 기관에서는 이를 인지하여 교육식보다는 멘티들이 선호하는 방향을 공통적으로 찾아 지명도가 높은 강사를 멘토링에 참여시키고 있다.

이는 효율적인 면과 실효적인 면으로 분류되지만 일방적인 주입식 강의에 대한 멘티들의 거부감은 정기적인 교육에 참여하는 창업자 수의 감소로 나타나 주최측에서는 '수강 시 다양한 혜택'이라는 미끼로 인원 확보에 열을 올리고 있다.

어느 한 TV 프로그램에서 PD가 직접 창업교육에 참가자로 잠입하여 교육의 만족도를 취재한 영상이 공개된 적이 있다. 매스미디어에서 실시하는 창업교육은 일정 시간을 의무적으로 교육에 참가해야만 창업자금 융자를 지원하고 있었고, 수강생들은 단지 시간 때우기 식으로 참가하여 수업을 통해 좋은 방향으로 사업을 진행해보겠다는 의지는 없어 보였다. 강사의 커리큘럼에 대한 질적 판단은 없었지만, 멘티가 원하고 필요로 하는 교육이라고는 보기 어려웠으며 단지 정부지원사업으로만 강조하는 보여주기식 교육일 뿐이었다.

멘토링에서의 교육은 소수의 맞춤형 교육이어야 한다. 필자의 경우는 한 명 또는 몇 명의 대표들이 필요로 하는 정부의 정책과제 선정에 필요한 사업계획서 작성 부분과 대면평가 부분에 대한 강의를 종종 한다. 1:1로 이루어질 경우에는 강의보다는 과외라고 표현하는 것이 더 어울릴 것이다.

가장 좋은 교육은 교육의 목적과 기존에 알고 있던 지식이 비슷한 극히 소수의 멘티를 위한 교육이라고 할 수 있다. 멘토가 알고 있는 지식을 일방적으로 전달하는 것이 아니라, 멘토도 약간의 부족을 느끼는 상황에서 멘티와 함께 의논하며 배우고 알려주겠다는 마음으로 실시하는 교육이다. 이렇게 시간의 구애 없이 상호 간 질문-대답으로 교재를 함께 공부해 가는 과정에서 멘티는 지루함을 느끼지 못할 것이다.

분류	교육의 방법	교육 효과
1:1 교육	강의와 질문이 오고가는 과외 교육	가장 높음
소수의 교육	교육을 희망하는 내용이 같은 경우	높음
다수의 교육	짧은 시간에 많은 정보를 제공	낮음

멘토링 시 참가 인원별 교육방법 및 효과

물론 멘토가 진히 사업 내용을 모르거나 멘티보다 부족한 경우에는 효율적이지 못하므로 양쪽 모두 어느 정도 문제를 파악한 후에 함께 풀어가는 과정이 가장 좋은 교육이 될 것이다.

12 START-UP MENTORING
멘토의 **기본적 소양**

멘토의 기본적 소양인 복장, 말투, 대화기법, 약속 이행, 멘티에 대한 기억 등에 대해 점검해 보자.

(1) 복장

과거에는 멘토의 정장 착용을 필수로 생각했지만 시대 흐름에 따라 많이 자유로워졌다. 필자의 경험으로는 대부분의 멘티들이 복장의 격식보다는 멘토링 내용에 치중하여 만족도를 나타내는 것으로 파악되었다.

(2) 말투와 대화기법

말투는 멘토링에서 중요한 부분을 차지한다. 말이 너무 빨라 알아듣지 못하는 경우, 같은 말을 반복하여 시간만 흐르게 되는 경우, 질문과 동떨어진 내용의 답변 및 요란스러운 웃음 등은 멘티에게 거부감을 주기에 충분하다. 뭐든 '적당히'가 좋지만 어떤 말투가 적당한지를 아는 것이 또 하나의 숙제다. 말투는 말하는 방식만 해당하는 것이 아니라 이야기를 이끌어 가는 대화기법도 포함된다. 핵심을 설명하는 방식과 이해를 돕기 위한 사례 중심의 대화 등 상황에 따라 멘티가 집중할 수 있는 기법으로 전개해야 한다. 이런 기법은 타고난 자질보다는 많은 노력을 통해 습득해 나가야 한다.

(3) 약속 이행과 멘티에 대한 기억

멘티와의 약속 이행을 위해서는 무엇보다 그것을 기억하는 것이 중요하지만 필자의 경우 상대적으로 건망증이 심하다. 학창시절에는 교복과 함께 모자의 착용이 필수였지만 번번이 챙기지 못하였고, 심지어 교복바지도 사복바지와 헷갈려 잘못 입은 적도 있었다. 5번 정도 만남이 있던 멘티도 기억하지 못했던 실수가 있었기에 언젠가부터는 그런 실수를 방지할 목적으로 수첩에 멘티의 인상착의를 쓰고 만날 때에는 미리 양해를 구하여 기억력이 부족함을 설명하고 멘토링 내용을 기록했다.

물론, 기록했다는 사실조차도 기억하지 못하는 경우도 허다하지만, 멘티의 불신을 해소시키기 위해 많은 노력을 하고 있다. 멘티와의 약속 이행과 멘티에 대한 기억은 기본 중의 기본 항목이다.

위 항목 외에도 멘토로서 갖추어야 할 기본 소양은 다양하나 모든 만족도의 평가는 상대적인 것으로서 멘티에 따라서는 부족하다고 느낄 수 있으므로 혼자 판단하여 멘토링을 진행하기보다는 다른 멘토들의 멘토링 방식을 살펴보고 멘티들이 요구하는 것이 무엇인지 끊임없이 분석하고 노력하는 자세가 필요하다.

필자는 멘토링을 시작하기에 앞서 창업자들에게 다음과 같이 말한다. "창업은 머리가 나쁜 사람보다는 머리가 좋은 사람에게 유리합니다. 그러나 아무리 머리가 좋아도 준비된 사람은 이기지 못합니다. 다양한 준비를 통한 후 사업에 발을 내딛는다면 성공적인 결과로 이어질 수 있을 것입니다. 여러분이 바로 그런 준비된 사람이길 바라며 지금 이 자리가 준비된 사람으로 가는 과정이라고 생각해 주시길 바랍니다."

창업자의 의지도 중요하지만 준비가 무엇보다 필요함을 강조한 말이다.

4부

참고 자료

국내 취업
통계 현황

(1) 고등교육기관 졸업자의 취업통계

한국교육개발원의 "2015년 고등교육기관 졸업자 취업통계 조사결과 발표"에 따르면 2015년 고등교육기관 졸업자의 취업률은 전년 대비 0.5%p 상승한 67.5% 이고 수도권, 비수도권 격차 3년 연속 감소한 것으로 나타났다. 또한 유지 취업률은 전년도 같은 기간 대비 1.1%p 상승한 것으로 발표했다.

주요 내용은 다음과 같다.

① 교육부와 한국교육개발원은 〈'15년 고등교육기관 졸업자 건강보험 및 국세 DB연계 취업통계조사〉 결과를 발표하였음

② 이번 취업통계는 전국 전문대학, 대학, 교육대학, 산업대학, 각종학교, 기능대학, 일반 대학원의 '15년 2월('14년 8월 포함) 졸업자의 취업 등 졸업 후 상황을 '15년 12월 31일을 기준으로 조사한 결과임

③ 2015년 고등교육기관 졸업자의 취업률이 67.5%를 기록하며 반등한 것으로 나타났음. 여성 졸업자의 취업률은 2년 연속 증가하였으며, 수도권과 비수도권의 취업률 격차는 3년 연속 감소했음

* 최근 4년간 전체 취업률 변화 : 68.1%('12) → 67.4%('13) → 67.0%('14) → 67.5%('15)

④ 2015년 고등교육기관 졸업자 중 전체 취업자는 34만 3,069명으로 67.5%의 취업률을 보였으며, 이는 전년(67.0%) 대비 0.5%p 상승한 결과임

- 취업자는 분야별로 건강보험 직장가입자 315,412명, 해외취업자 1,455명, 1인 창(사)업자 4,626명, 프리랜서 18,124명 등으로 나타났음
- 1인 창(사)업자는 전년 대비 0.2%p 증가하였고, 프리랜서 0.1%p, 해외취업자 0.1%p씩 각각 증가하였으나, 건강보험 직장가입자는 전년 대비 0.5%p 감소했음

※ '14년 → '15년 : 건강보험직장가입자 92.4% → 91.9% / 해외취업자 0.3% → 0.4% / 개인창작활동 0.7% → 0.8% / 1인 창(사)업자 1.1% → 1.3% / 프리랜서 5.2% → 5.3%

⑤ 학제별 취업률은 전문대학 69.5%, 대학 64.4%, 일반대학원 77.8% 등으로 나타났음

- 전문대학, 일반대학원은 각각 1.7%p, 0.3%p 상승하였지만, 대학은 0.1%p 하락했음

⑥ 계열별 취업률은 의약계열 82.2%, 공학계열 72.8%, 교육계열 68.6%로 전체 취업률(67.5%)보다 높게 나타났음

- 대부분 계열이 증가 추세를 보였으며, 특히 예체능계열(2.3%p)과 의약계열(1.4%p)이 전년 대비 높은 수준으로 상승한 수치를 보였음

- 반면, 공학계열의 취업률은 전년 대비 0.3%p 하락하였으나 공학계열 여성의 취업률은 68.7%에서 69.5%로 눈에 띄게 상승했음

⑦ 성별 취업률은 남성 졸업자 69.0%, 여성 졸업자 66.1%로 나타나 남녀 취업률 격차가 더 좁혀진 것으로 나타났음
- 2015년 남성 졸업자의 취업률은 전년과 같은 수준을 보였으나, 여성 졸업자의 취업률은 전년 대비 0.9%p 상승하며, 2년 연속 증가한 것으로 나타났음
  ※ 성별 취업률 변화 추이 : 남 69.0%('14년) · 69.0%('15년), 여 65.2%('14년) · 66.1%('15년)
  ※ 여성 졸업자 취업률 변화 : 65.7%('12년) · 65.1%('13년) · 65.2%('14년) · 66.1%('15년)

⑧ 지역별로는 수도권과 비수도권의 격차가 3년 연속 감소한 것으로 나타났음
- 수도권 67.9%, 비수도권 67.3%로 0.6%p의 격차를 보이며, 전년 대비 격차가 0.2%p 감소했음
  ※ 수도권, 비수도권 간 격차 : 1.4%p('12년) · 1.3%p('13년) · 0.8%p('14년) · 0.6%p('15년)
- 17개 시도 중에서는 울산 71.8%, 인천 70.7%, 충남, 전남이 각각 68.9%를 기록하며 높은 취업률을 보였고 대구, 전남, 광주, 세종은 각각 2.1%p, 2.0%p, 1.7%p, 1.6%p씩 전년 대비 상승한 것으로 나타났음
- 한편 가장 높은 취업률을 보인 울산은 전년 대비 1.1%p 하락해 가장 큰 폭으로 하락한 것으로 나타났음

⑨ 6월 1일 기준 건강보험 직장가입자가 12개월간 그 자격을 유지하고 있는 비율은 74.2%로 나타났음
- 이는 전년도 같은 기간의 유지 취업률('14년 73.1%) 대비 1.1%p 상승한 결과이며, 대학 75.6%, 전문대학 68.5%, 일반대학원 86.9% 등으로 나타났음

⑩ 위 결과에 대해 한국교육개발원(교육통계연구센터)은 "지난 몇 년간 지속된 취업률 감소 추세가 증가세로 돌아선 점과 작년에 이어 여성 졸업자의 취업률이 증가되고 수도권과 비수도권의 취업률 격차가 감소된 점은 긍정적"이라고 말했음

⑪ 교육부와 한국교육개발원은 2016년 12월, 홈페이지를 통해 〈2015년 고등교육기관 졸업자 건강보험 및 국세 DB 연계 취업통계연보〉를 제공하여 국민들이 손쉽게 자료를 활용할 수 있도록 함

〈출처〉 교육부 홈페이지, 한국직업능력개발원

2015 고등교육기관 졸업자 취업통계연보

교육부, 한국교육개발원

대학 기관별 취업률은
△ 교육대학 85.7% △ 기능대학 83.2% △ 일반대학원 77.8% △ 전문대학 69.5%
△ 산업대학 69.0% △ 대학 64.4% △ 각종학교 51.6%

취업 진적으로 전체 취업자 수는 늘었지만, 상근 근로자 비중은 오히려 줄었음
- 1인 창업자는 같은 기간 1.1%에서 1.3% 상승
- 개인 창작활동은 07%에서 0.8% 상승
- 프리랜서는 5.2%에서 5.3%로 상승

인문계열 취업률 57.6%로 평균(67.5%)보다 9.8%포인트 낮은 수치

인문계열의 경우 진학자가 12.9%로 높은 비율이지만 취업률은 가장 낮음
- 진학자는 취업률 집계에서 제외
- 교육·사회계열 진학자 비중은 각각 4.9%, 5.8%로 적은 편임

계열별 취업률은
△ 의약계열(82.2%) △ 공학계열(72.8%) △ 교육계열(68.6%) 등 평균보다 높음

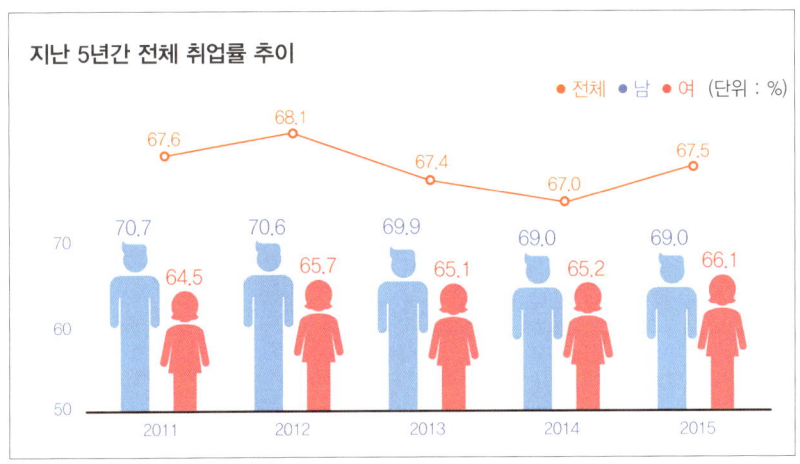

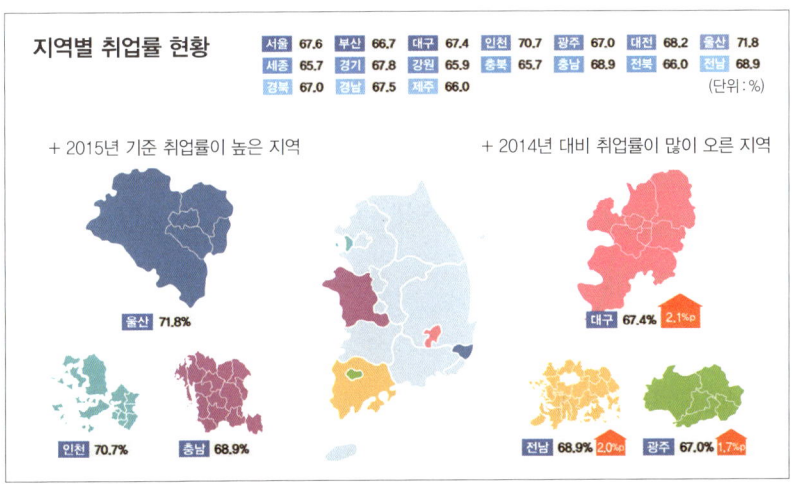

참고 자료

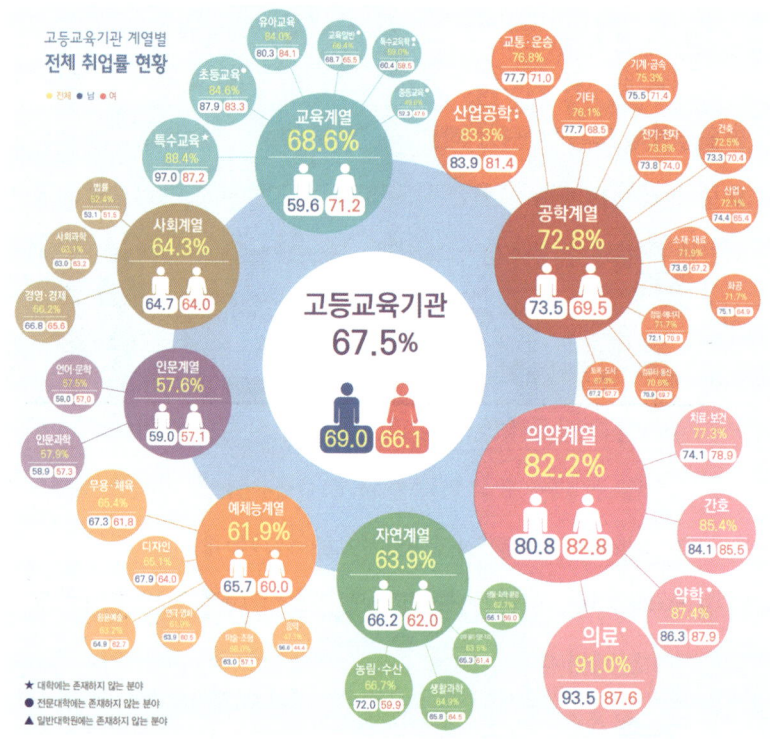

〈출처〉 대학신문(2016. 12.)

(2) 2016년 고용 동향

고용노동부와 통계청에서 2017년 1월 11일, 2016년 고용 동향을 발표했으며, 실업률은 최고치인 9.8%에 달한다.

① 2016년 청년 실업률 9.8%(2015년 9.2%)
 → 0.6% 상승, 2000년 이후 16년 만에 최고치

② 2016년 실업자 수 101만 2,000명, 2015년 97만 6,000명

　→ 3.6%(3만 6,000명) 상승, 2000년 이후 처음

③ 통계청의 '2016년 12월 고용동향' 발표에 따르면

- 2016년 구직단념자는 49만 9,000명
- 2015년 11월(46만 5,000명)에서 7% 이상 증가
- 2000년(16만 5,000명) 3배 이상 증가
    ※ 구직단념자는 취업의사와 능력이 있지만 취업이 안 돼 4주 이상 구직활동을 하지 않은 경우를 의미

(3) 국내 노동시장의 현실

고용노동부에서 발간한 2016년판 〈통계로 보는 우리나라 노동시장의 모습〉 분석 자료에 따르면 사업체의 42.6%, 인구의 49.7%는 수도권에 집중되어 있고 지역별 산업·고용구조의 특색이 돋보인다.

주요 내용은 다음과 같다.

① 고용노동부는 지역별 인구, 경제상황, 산업구조 등 고용노동정책 추진의 기초자료로서, 노동시장의 전반적인 흐름을 조망할 수 있도록 〈통계로 보는 우리나라 노동시장의 모습〉을 작성·배포하였음

이는 우리나라의 고용노동 관련 통계를 종합 정리한 것으로 전체 내용은 「전국총괄」, 「지역별 현황」, 「업종별 현황」, 「대상별 현황」 등 크게 4개의 편, 1개의 부록으로 구분하고, 각 구성별 통계지표를 분석·수록하였음

② 발표한 내용을 따라 우리나라 노동시장의 주요특징을 간략히 살펴보면 다음과 같음

㉠ 우리나라 사업체와 인구(15~64세)는 수도권에 집중
- 전국의 총 사업체(2014년 381만 개) 중 42.6%(162만 개)가 서울과 경기도 지역에 밀집해 있으며 농림·어업, 광업, 전기·가스·수도사업을 제외한 모든 업종의 사업체 비중이 서울과 경기지역에서 높음
- 전국 대비 인구 비중은 수도권(서울, 인천, 경기)이 전체 인구의 49.7%를 차지해 지역 편중이 심화되어 있음

㉡ 지역의 종합경제지표인 지역 내 총생산(GRDP)은 서울과 경기지역이 전국의 44.2%를 차지, 1인당 GRDP가 가장 높은 곳은 울산(58,880천 원)임
- 서울지역의 주요 산업은 도소매업, 금융업, 사업서비스업, 부동산·임대업(51%)인 데 비해 울산, 경기, 인천은 제조업이 총생산에 차지하는 비율이 높음
  * 총생산 중 제조업 비중 : 울산(55.9%), 경기(36.2%), 인천(26.1%), 대구(21.6%)
- 제조업 비중이 높은 지역 중 울산은 300인 이상 사업체 종사자 비율이 46.9%로 다른 지역과 비교하여 상대적으로 높은 편, 반면 경기(84.6%),

인천(87.4%) 지역은 300인 미만 사업체의 종사자 비율이 매우 높음

- 주요 노동력인 15~64세 인구의 비중은 특·광역시 및 경기지역이 73~75%, 세종 및 도지역은 64~71% 수준인 반면 65세 이상 고령인구는 도지역에 집중된 모습을 보임. 15~64세 인구의 비중이 가장 높은 지역은 울산(76.2%), 생산가능인구 비중이 가장 낮고(64.6%), 고령자 비중이 가장 높은(22.0%) 지역은 전남임

ⓒ 취업자의 50.1%가 수도권에 집중되어 있음
- 고용률이 가장 높은 곳은 제주(72.2%), 가장 낮은 곳은 울산(62.2%)으로 나타남. 특히 울산의 여성 고용률은 41.6%로 가장 낮게 나타남

ⓒ 상용근로자 5인 이상 사업체에 종사하는 근로자의 월 평균임금 및 근로시간은 다음과 같음
- 충북지역 및 자동차, 선박제조업 등이 밀집된 울산 지역이 가장 장시간 근로하는 것으로 나타났음
- 월 평균임금은 자동차, 조선, 철강, 정유 등 대규모 사업체가 분포하는 울산지역이 가장 높게 나타났고, 금융서비스업 사업체와 대다수 기업체 본사가 소재하는 서울지역의 순으로 나타났음

ⓒ 한편, OECD 국제비교 부분에서 우리나라 취업자 1인당 노동생산성은 2013년 US$ PPP 환율 기준으로 62천 달러이며, OECD 34개국 중 22번째이고, 서비스업 노동생산성은 47천 달러로 OECD 26개국 중 21번째임. 서비스업의 낮은 노동생산성이 전체 노동생산성을 낮게 하는 요인임

ⓑ 고용노동부 김경선 노동시장정책관은 "우리나라는 국토면적이 작고, 교통·통신이 매우 발달하여 지역 간 산업 및 노동시장구조가 동질적일 것 같지만 실상을 확인하면 매우 다른 구조를 가지고 있다."고 전하며 "이 자료집을 통해 지역 맞춤형 일자리 정책이 보다 효율적으로 수립되고, 일반 국민들도 자신이 살고 있는 지역의 노동시장 여건을 쉽게 이해할 수 있을 것으로 기대된다."고 많은 관심과 활용을 부탁하였음

〈출처〉 고용노동부 홈페이지

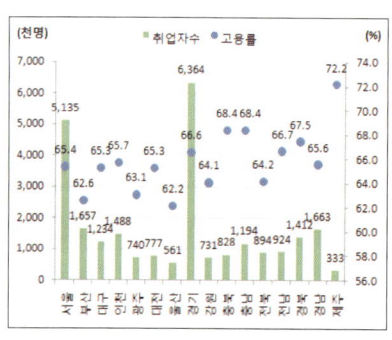

지역별 취업자 및 고용률

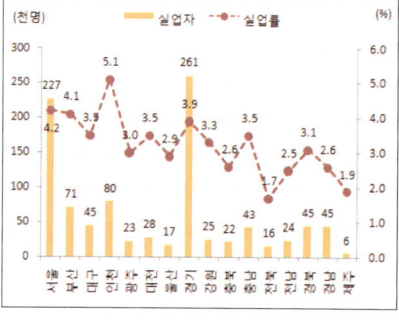

지역별 실업자 및 실업률

- 국내 노동 현실을 차트로 표현하면 다음과 같다.

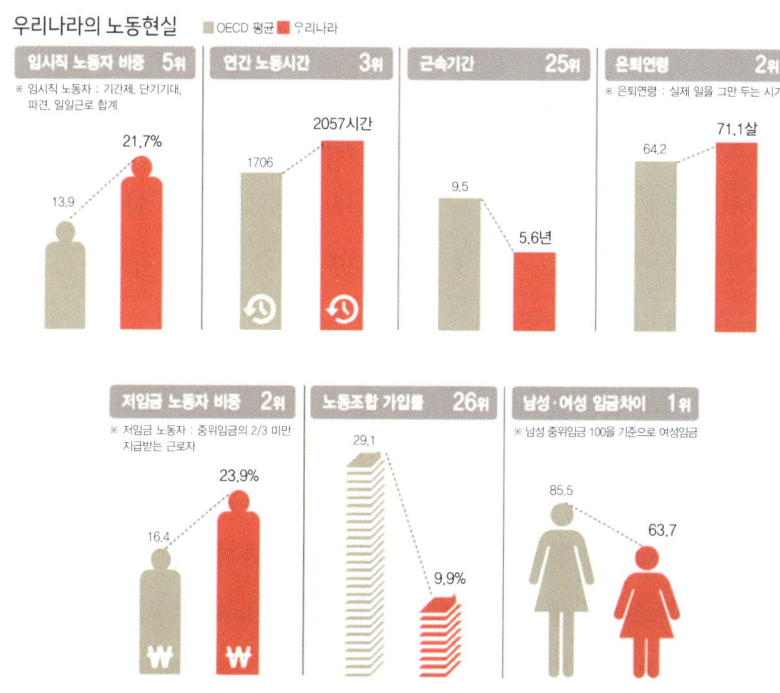

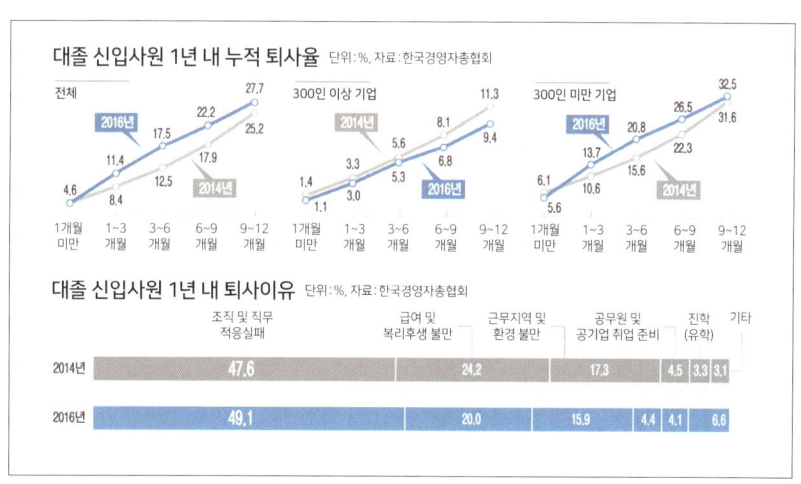

대졸 신입사원 퇴사율, 한국경영자총엽합회

〈출처〉 2016. 6. 10 경향신문

폐업 통계

기사에 따르면 촉망받던 5년 차 스타트업 퀴키Quirky가 2015년 파산 신청을 했다. 불과 1년 전까지만 해도 세계적인 대기업들과 투자업계가 '제조업의 미래'라며 입에 침이 마르도록 칭찬하던 회사인데 말이다. 퀴키는 우리가 만나보기라도 했으면 좋겠다고 생각하는 안드레센 호로비츠 같은 쟁쟁한 벤처캐피털들로부터 무려 1억 7,000만 달러의 투자를 받은 바 있다. 그런데도 파산이라니, 무엇이 문제였을까?

'소셜 제품개발 플랫폼'으로 정의되는 퀴키는 일반 대중으로부터 아이디어를 제공받아 제품을 설계/제작/판매하는 사업모델을 가지고 있었다. 다방면의 인재들을 끌어 모아 아이디어 검증부터 설계, 디자인뿐 아니라 단기간에 제품을 출시할 수 있는 시스템을 모두 갖추고 있었다.

회사가 파산 지경에 이르게 된 표면적 이유는 그 세련되고 날카로운 검증 과정을 거쳐 시장에 출시한 제품들이 잘 팔리지 않았기 때문이다. 히트작이 없었던 건 아니지만, 히트작만으로는 파산을 막을 수 없었다.

Quirky에서 판매하던 구부러지는 멀티탭

(1) 국내 자영업자 폐업통계

2016년에 공개된 경제협력개발기구 OECD의 〈한눈에 보는 기업가정신 2015〉 보고서에 따르면, 2013년을 기준으로 한국의 GDP(국내총생산)는 1조4450억 달러였고, 사업체 수는 481만7000개로 집계됐다. GDP 대비 사업체 수는 3.33으로 조사대상 32개국 가운데 가장 높았다. 한국과 GDP 수준이 비슷한 캐나다(0.5)나 터키(1.8), 스페인(1.54)보다 월등하게 사업체 수가 많았다.

특히 OECD 보고서를 보면 1~9명 규모의 사업체 수가 많았는데 이곳에서 일하는 노동자 수는 605만 3,143명에 이르렀다. 소규모 사업체에서 일하는 605만여 명 가운데 상당수가 자영업자인 것으로 추정된다. 그런 가운데 최근 10년간 한국에서 창업한 자영업체는 약 949만 개인 것으로 나타났다.

국세청으로부터 제출받은 '지난 10년 동안 개인사업자 창업/폐업 현황' 자료에 따르면, 지난 2004년부터 2013년까지 10년간 창업한 자영업체는 948만 7,667개였고, 폐업한 자영업체도 792만 8,273개에 이르렀다. 단순 수치상으로만 보면 지난 10년 간 약 156만 개의 자영업체만 생존한 것으로 생존율이 16.4%에 불과했다.

최근 통계청에 따르면 고용원 없는 자영업자는 2015년 상반기 기준 397만 5,000명으로 지난해 같은 기간보다 10만 7,000명이 줄었고, 이는 1995년 상반기 397만 1,000명 이후 20년 만에 최저치이다. 고용원 없는 자영업자는 연간 기준으로 1994년 이후 400만 명대를 유지했으나 올해는 300만 명대로 떨어질 가능성이 크다.

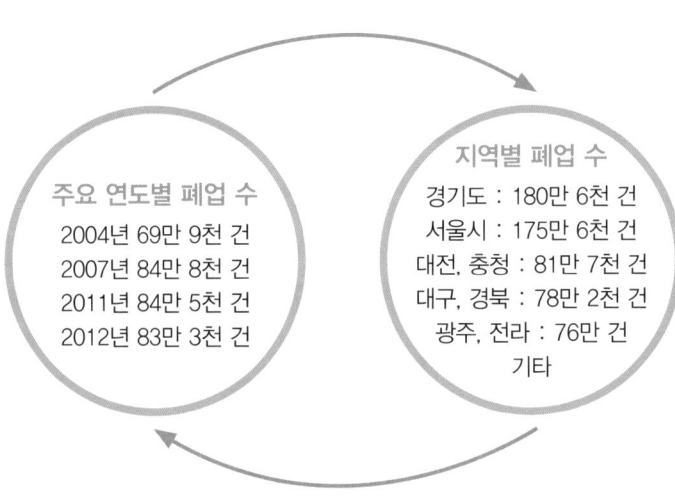

주요 연도별 폐업 수 및 지역별 폐업 수
〈출처〉 통계청

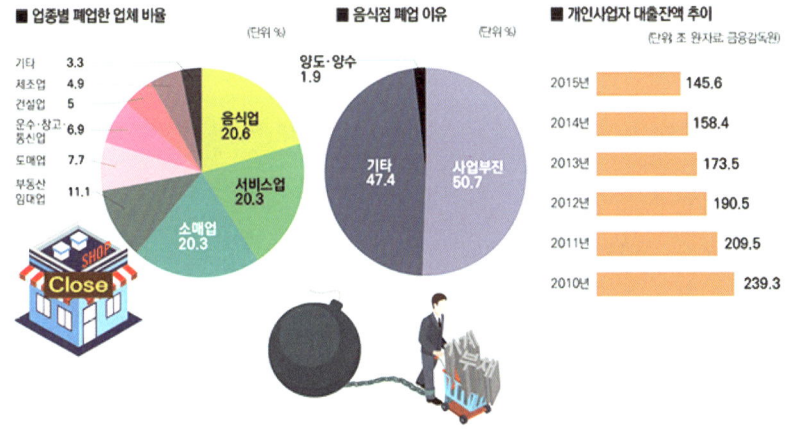

업종별 폐업 비율 및 음식점 폐업 이유, 개인사업자의 대출잔액 추이
〈출처〉 식품외식경제, 2015년 국세통계연보

(2) 소상공인 현황 보고서

　중소기업연구원에서 2016년 1월 24일 발표한 〈소상공인 회전문 창업 실태와 해법의 실마리〉라는 보고서에 따르면 소상공인이 운영하는 업소 10곳 중 4곳은 창업 1년 만에 문을 닫는 것으로 조사됐다. 폐업 당시 소상공인들은 평균 1,600만 원가량의 빚을 떠안았다. 그런데도 음식점이나 소매업 등 과밀 분야에서 창업에 재도전하는 '회전문 창업'을 선택하는 소상공인들이 많았다.

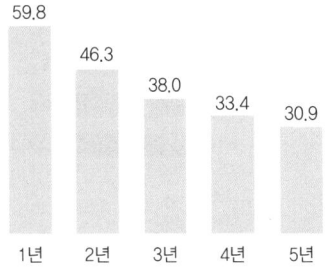
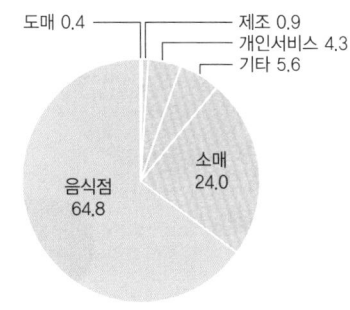
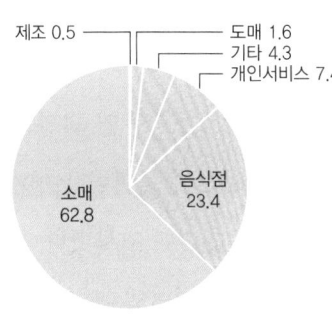
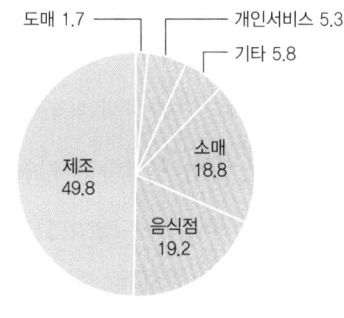

소상공인의 폐업 후 재창업 및 업종전환 현황

〈출처〉 중소기업연구원, 「소상공인 회전문 창업 실태와 해법의 실마리」

미래 예측
보고서

① 『유엔미래보고서 2040』에 제시된 인류의 미래

- 2040년 유인 우주선 상용화
- 북극에 얼음이 사라짐
- 핵융합 에너지 보급
- 뇌와 컴퓨터의 결합 시도
- 석유시대는 종말
- 중국 환경오염 사망자 8천만 명
- EU는 붕괴, 달에는 식민지 건설
- 유전자정보 등으로 의료혁신 진행
- 중국이 민주주의 체제를 채택
- 기후난민 급증
- G3(인도, 중국, 미국)가 세계 경제를 주도
- 직업의 변화 : 2030년까지 20억 개의 일자리가 소멸, 현존하는 일자리의 80%가 사라짐

② 맥킨지 연구소 보고서의 내용

- 과거 기술이 버스 안내양을 소멸시킨 것처럼, 무인자동차는 운전기사를 소멸시킬 것(미국 4개 주에서 구글 무인자동차 허가. 수년 내에 버스와 택시 등 운수 업종이 소멸될 것)

- 충돌제어시스템은 교통사고를 소멸시켜 자동차보험 또한 소멸될 것

- 전기자동차는 주유소를 소멸시킬 것

- 3D 프린터는 간단한 부품 제조로 시작해서 건물 및 의학용 피부까지 프린트하기 시작(3D프린트 보급이 확충되면 제조업이 소멸하고 글로벌 운송업도 대부분 소멸할 것)

- 대부분의 단순노동은 이미 로봇이 담당하고 있으며 로봇의 담당 영역은 교육과 의료 영역까지 확산될 것

- 1인 기업의 시대가 예상됨. 즉, 가까운 미래에 대부분의 일자리에서 팀워크가 사라지고 각자가 1인 기업의 대표가 되어 독립적으로 일하게 될 것

- 이에 따라 월급 개념도 점차 사라질 것

- 일자리 네트워크가 성장해 기술을 가진 사람은 네트워크를 통해 프로젝트를 수주하는 형태로 작업할 것이며, 작업을 마치면 프로젝트 건당 혹은 시간당 임금을 받게 될 것

- 기업에서는 이사회가 사라질 것으로 예상됨. 기업의 의사결정이 점점 경쾌해지고 있어 비용이 많이 들고 의사결정이 느린 이사회는 이해담당자 및 투자자들에 의해 점차 제거당할 것이며, 이사회 대신 투자자들이 의사결정을 하게 될 것임. 투자자들은 필요에 따라 수시로 협의회를 조직하고 해산할 것임

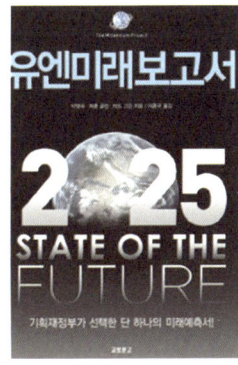  

  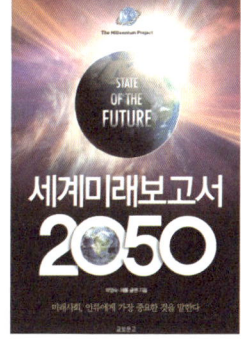

유엔미래보고서

04 START-UP MENTORING
한국직업사전

한국고용정보원은 1986년부터 우리나라 전체 직업에 대한 표준화된 직업명과 수행직무 등 기초 직업정보를 수록한, 문자 그대로 직업 총람(總覽)이라 할 수 있는「한국직업사전」을 발간하고 있다. 2011년에는「2012 한국직업사전」통합본 4판을 편찬한 바 있고, 2016년에는 통합본 5판 발간을 위한 7개년 계획의 네 번째 해로서 기계 관련직, 재료 관련직 등 2개 직종에 대한「2016 직종별 직업사전」을 발간하게 되었다.

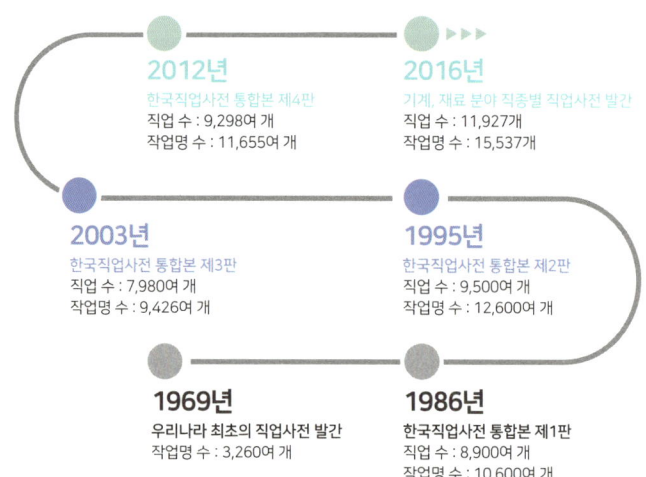

한국직업사전으로 본 우리나라 직업 수의 변화

한국직업사전 새 직업 26개 등재

입체(3D)프린터 개발자

스마트헬스케어 기기개발자

스마트헬스케어 서비스개발자

디지털광고게시판 기획자

엔(N)스크린서비스 개발자

빅데이터전문가

빌딩정보모델링 전문가

도시재생전문가

온라인평판관리원

정밀농업기술자

협동조합
코디네이터

연구기획평가사

기업컨시어지

연구장비전문가

산림치유지도사

소셜미디어전문가

수의사보조원

생활코치

이혼상담사

임신출산육아코치

민간조사원

정리수납컨설턴트

영유아안전장치
설치원

온실가스관리
컨설턴트

연구실안전전문가

홀로그램전문가

성공하는 창업교육을 위한 실전 노하우
창업멘토링

발행일	2017년 6월 20일 초판 발행
저 자	허진만 · 이윤재
발행인	정용수
발행처	◈예문사
주 소	경기도 파주시 직지길 460(출판도시) 도서출판 예문사
TEL	031) 955-0550
FAX	031) 955-0660

등록번호 / 11-76호

정가 : 18,000원

• 이 책의 어느 부분도 저작권자나 발행인의 승인 없이 무단 복제하여 이용할 수 없습니다.
• 파본 및 낙장은 구입하신 서점에서 교환하여 드립니다.

홈페이지 http://www.yeamoonsa.com

ISBN 978-89-274-2327-0 13320

이 도서의 국립중앙도서관 출판예정도서목록(CIP)은 서지정보유통지원시스템 홈페이지(http://seoji.nl.go.kr)와 국가자료공동목록시스템(http://www.nl.go.kr/kolisnet)에서 이용하실 수 있습니다.(CIP제어번호: CIP2017013637)